文绣
瀚锦

塑造孩子的一生

让孩子
自动自发地学习

孙广春◎编著

辽海出版社

图书在版编目(CIP)数据

塑造孩子的一生.让孩子自动自发地学习 / 孙广春
编著. — 沈阳：辽海出版社，2015.12
ISBN 978-7-5451-3598-5

Ⅰ．①塑… Ⅱ．①孙… Ⅲ．①学习兴趣—家庭教育
Ⅳ．①G78②G442

中国版本图书馆 CIP 数据核字(2015)第 296267 号

责任编辑：丁　雁
封面设计：孙希前
责任校对：晓　云

出 版 者：辽海出版社
　　　　地址：沈阳市和平区十一纬路 29 号
　　　　邮编：110003
　　　　电话：024-23284381
　　　　E-mail：dszbs@ mail. lnpgc. com. cn
　　　　http：//www. lhph. com. cn
印 刷 者：北京毅峰迅捷印刷有限公司
发 行 者：辽海出版社

幅面尺寸：170mm×240mm
印　　张：15
字　　数：230 千字

出版时间：2016 年 8 月第 1 版
印刷时间：2016 年 8 月第 1 次印刷
定　　价：35.00 元

前　言

　　孩子是家庭的未来，是父母的希望。望子成龙、盼女成凤，更是古往今来每一个做父母的憧憬和追求。父母期望孩子不仅是自己生命的延续者，更是超越者，这种心态所造成的压力时刻影响着父母对孩子的日常教育方式。

　　然而，在现实生活中，孩子并不像我们想象的那样自动自发地学习，更多情况下，是讨厌学习：虽然你说得口干舌燥，但仍然无济于事；他们总是不听话，经常胡闹，没有一刻安静下来；在学校里，常常问题多多，成绩下滑，行动拖沓。上课时，三心二意；生活中，丢三落四，电视永远看不够，游戏一刻也不停；自己累得半死，他们却不见长进……

　　这些让人头疼的问题，实在是父母难以承受之"痛"！怪老师？没道理，因为老师往往要同时指点几十个孩子，无法面面俱到；怪社会？更没道理，因为家长是孩子的第一任老师，孩子的成长，首先是父母的责任……

　　如此矛盾的心理，孩子的学习自然容易出问题，怎么办？请不要紧张，问题再多总有解决的办法。

　　《塑造孩子一生：让孩子自动自发地学习》或许是您解决这些难题的最佳选择！本书从更新思维，掌握前沿家教理念、教子有方，讲究策略才能自动自发、融洽关系，是父母更是朋友等十三个方面，阐述了让孩子自动自发地学习的重要性和深远意义；论证了让孩子自动自发学习应遵循的教育原则；介绍了为促进孩子自动自发地学习，家长应采取的方法、措施。书中既有实况回放的真实案例，又有深入浅出的教子妙招；既有规避误区的善意提醒，又有醍醐灌顶般的各类思考，因而是一部不可多得的家教书。

"十年树木，百年树人。"成功一定有方法，失败也一定有原因。孩子从来都不是输在起跑线上的！确切说，要输也是输在父母自己手中。心理学研究表明，孩子的许多行为都与家长的行为有关，孩子不能自动自发学习的坏毛病、坏习惯，其实都可以非常容易地在其父母身上找到答案。所以，要想让孩子自动自发地对学习感兴趣、有信心，做父母的就要从自身出发，有强烈的求知欲望和刻苦精神，努力提高自我素养。

希望每位有幸捧读此书的父母，通过阅读，能让自己在教育上少些担忧、苦恼，多些从容、镇定；也让自己的孩子在学习上，少些厌学情绪，多些自动自发，为塑造好孩子的一生夯实基础、赢得先机。

目 录

第一章

孩子赢在自动自发学习

自动自发的家庭教育是培养孩子自信、自立、自强、自律精神的教育，是加强孩子的学习意识与学习能力的教育，是鼓励孩子主动发展和促进孩子身心健康的终生教育。生活中的很多家长常常因为孩子进步缓慢而着急，由此或者粗暴地给孩子戴上"脑子笨"、"性格难以改变"之类的帽子，或者自认为学识浅、水平低，不会教育孩子。实际上，只要方法妥当，任何孩子都是优秀的；只要善于用心，总能找到合适的教育方法。正所谓没有教不好的孩子，只有不合时宜的理念。

好孩子都会自动自发地学习

自动自发地学习，就是不用别人督促和要求，积极主动地探索求知，实现自主教育。这是知识经济的要求，也是孩子成才的先决条件。世界的未来将属于这样的英才——一个在学习上能够自动自发的人。而一个不能引导和启发孩子自动自发地去学习的家长，是一个落到时代车轮后面的家长，是一个可能培育出庸才的失败的家长。

实况回放

这天，孩子放学回家，高兴地跟妈妈说："我想当天文学家！"

"为什么呢？"

"我要上太空去！"

"真是异想天开，如果你想当天文学家，你必须先把作业做了再说！"

"妈妈，为什么呢？"

"学好数理化，走遍天下都不怕！数理化都学不好当什么天文学家？"

孩子的热情一下便被打了下去，像霜打的茄子，当时就呆呆地立在了那里，疑惑的双眼带着忧伤。

教子妙招

从上面的例子，我们不难看出，所谓让孩子自动自发地去学习，用一个较为学术化的词语来说，就是"自主教育"。

什么是自主教育？哈佛大学资深教育学专家亚·鲍耶教授已经非常明确地阐述过自主教育的精义。自主性是一个复杂的概念，按词义解释就是不依赖于他人，不受他人的干涉和支配，自主判断，自主行动。一般我们是从自主的态度和自主的行为两个方面来描述自主性的。孩子的自身特性方面有主体性、自信心、主动性、上进心、判断力、独创性等；社会特性方面有自我控制、自律性、责任感等。在孩子自主性教育的过程中，这些特性都融汇在自主性态度和自主性行为之中，构成一个人的统一的品格特点；表现在孩子的学习上，便是自觉主动地去学习，积极主动地去求知。

你的孩子即将大显身手的 21 世纪，是知识经济时代。在这个时代，社会对人提出了新的、更高的要求，它要求人们普遍具有获得成功的需要、渴望、热情和意志，具有相应的知识、智慧、基本求知方法与创新能力，具有较强的动手操作能力、协作精神和竞争意识，一句话，要具有自主性。当然，作为能动地改造着自然和社会的人类来说，自主性也应是其根本性的定位。从这个角度讲，发展了自主性也就促进了人的发展。正是基于对社会发展和人自身发展需要的深层思考，有专家进行了长期的实验研究。通过研究专家认识到：人的自主性，绝不仅仅是思想意识问题，它是由精神、认识、实践三个方面有机组成的完整结构。"精神"的核心是自主、自立、自强，这是自主性形成的动力；"认识"的核心是兴趣、求知和创新能力，这是自主性形成的基础；"实践"的核心是操作、合作和协调本领，这是自主性形成的保证。此外，自主性的形成和发展还离不开好的氛围。

根据自主教育和自主性研究的成果，不难看出：让孩子自动自发地学习，是培养能够在未来社会的竞争中立于不败之地人才的关键。而要促使孩子自动自发地学习，首先必须形成一个民主的、开放式的、启发性的家庭环境氛围，这种家庭的家教绝不是强制性的、"填鸭式"的或者是包办型的。

可见，所谓自动自发地学习，即是不用别人吩咐、不用别人要求就能主动而且出色地去学习，积极主动地去求知。因此，在引导孩子自动自发学习时，有以下几种情形：

一是家长和老师督促他，他能立刻行动起来，把学习做好。这样的孩子会取得学业的进步，但不一定是最优秀的。

二是家长和老师反复地督促他，他才会去做。这样的孩子会将学习看作一种负担，其主动学习的积极性便大打折扣，其学业成绩往往令家长心忧。

三是在家长和老师的逼迫下才去勉强学习的那些孩子，学习对他们来说是一种痛苦，他们完全是为了应付家长和老师才去非常被动地学习，这种学习纯粹如同"磨洋工"的孩子，其成绩必然是不尽如人意的，消极应付心态是他们的学习成绩难以提高的最大障碍。

塑造孩子的误区

不能耐心地培养孩子浓厚的兴趣、旺盛的求知欲、坚定的人生理想，更不能循循善诱地启发孩子积极主动地学习。

强迫孩子，不注意启发、引导，只希望孩子顺其自然地发展，自觉主动地学习。

受传统教育观念影响，只要学好数理化，对其他的学科都不重视，对孩子的其他功课成绩漠不关心。

跟风严重，对社会上兴起的"早期定向培养幼儿特长"的风气，不明是非。过分热衷于孩子的爱好培养。如：要求孩子学完小提琴学电子琴，学完钢琴学手风琴。还有的把孩子纷纷送进各种"特长班""提高班"等，让孩子不堪重负，剥夺了孩子自由自在、无忧无虑、完完全全、纯纯正正的童年空间和玩耍的权利。

给父母的家庭作业

当你发现孩子坐在钢琴面前烦躁不安，毫无兴趣时，你是否是启发引导，让他顺其自然地、自觉主动地去做，你是否对孩子的抵触发过脾气，强迫孩子，甚至打骂？

教子箴言

掌握科学的家教方式，效果必将从事倍功半走向事半功倍，促使孩子自觉主动地去学习，不断提高孩子的心理素质，提高孩子的创新意识与创新能力，从而使孩子不断地提高学习成绩。

学习是孩子自己的事

学习是孩子自己的事，家长本事再大也不能代替，最终还得靠他自己。父母所能做的，只能是激发出孩子的潜能，把他的热情调动起来，让他自己干劲十足地学。

实况回放

自从小杰上学以来，小杰的妈妈就好像失去了自由。因为她要为女儿检查作业，否则女儿把作业应付完就不管了；她要为女儿收拾书包，否则她会丢三落四；她要准时叫女儿起床，否则她上学会迟到……

一天，一位教育学家的一句话点醒了小杰的妈妈。这句话是："学习是孩子自己的事，你能逼他做功课，直到他大学毕业吗？"

于是，一次晚餐后，小杰的妈妈一本正经地与女儿深谈了一次。她这样告诉女儿："女儿，长久以来，我为你做作业伤透了脑筋，但一直没有效果。现在我决定了，读书是你自己的事情，你必须学会自己为自己的事情负责了。"

小杰看着妈妈坚决的态度，还是有点儿不信，她决定试探一下妈妈。

一天，妈妈下班回家，看到小杰拿着语文课本在客厅里一边看电视，一边看书。她没有像往常那样勃然大怒，逼着孩子回到自己的房间里去看书，而是开始忙自己的家务。

一会儿，小杰沉不住气了，跑过来对妈妈说："妈妈，我们明天要考语文。"妈妈"嗯"一声，没有再理她。这小家伙又说："可是，我还没有看呢。"妈妈还是"嗯"一声，没有理她。小杰有点儿失望地对妈妈说："妈妈，你怎么不理我呀？你是不是不关心我了呀？"妈妈放下手里的家务，认真对她说："似乎你希望我逼你去看书，我当然希望你能考出好成绩了，可是学习是你自己的事情，要不要去看书，你自己来决定。"

教子妙招

在孩子的学习过程中，妈妈的很多做法，比如小杰妈妈以前的那些做法，陪孩子做作业、给孩子检查作业、叫孩子起床、帮孩子收拾书包等，都会让孩子有这样一种错觉：读书是为父母所读，学习是为父母所学。所以，在这种心理的支配下，孩子的一切行为好像都是在向妈妈挑衅：我决不会乖乖读书。妈妈越是逼着孩子认真学习，越可能给孩子创造了拒绝学习、反驳妈妈的机会。

但当妈妈不去管他们时，他们静下心来认真学习的几率反而会升高。

当然，当妈妈真的意识到学习是孩子自己的事情，从而下定决心让孩子为自己的事情负责时，孩子往往会不信，他们总会寻找机会去试探妈妈，如小杰试探妈妈的行为。

这时，妈妈的态度一定要坚定，说不参与孩子的学习就真正不参与。如果小杰的妈妈用责备地口气对小杰说"再不好好看书就会考试不及格""考不好会被老师惩罚的"……那么，小杰一定会这样想：虽然说"学习是自己的事情"，但有妈妈的参与，这个游戏会变得很有趣。于是，她会继续与妈妈玩这种"你越管我，我越不好好学"的游戏。

所以，只有妈妈真正地让孩子明白"学习是他自己的事情"后，孩子才会去为自己的学习负责，才会把学习当作一种习惯。下面的方法做父母的可以借鉴：

1. 不查作业不陪读，学习是孩子自己的事情

辅导孩子的功课是很多家长心目中一件大事。有的家长不仅为孩子所上的各种兴趣班陪读，连作业都天天代为检查。从孩子上学开始，做父母的一定要记住坚决不做孩子的拐杖。即使在小学低年级，老师要求家长检查作业、签字时，也只管签字认可，决不检查作业。要告诉孩子，妈妈有自己的事情，而你的任务就是学好功课。作业的目的就是复习所学的知识，有了错误不要紧，那就是发现了自己的漏洞呀，只要把不会的、不懂的及时学会就可以了。

很多孩子听老师讲似乎都会，可自己做题老出错。还是上例，一次，小杰求父母："让妈妈和我去听课吧，人家的妈妈都去陪孩子。"小杰的妈妈回答："我可不去，我的数学还不如你呢。要是你听完课愿意给妈妈讲一讲，我倒可以从头

学习。"看到没有依靠了，女儿只能靠自己了。有时看到女儿的习题本上尽是叉时，小杰的妈妈就鼓励她：没关系，你的成绩是最真实的。别看有的同学作业全对，可那是家长的功劳。再说，你的作业情况能让老师了解你的学习情况，只要追着老师把不懂的弄会就可以了。

就这样，女儿只能开动脑筋琢磨，自己是哪里不懂，就向老师求教，很快女儿就具备了及时发现自己的学习问题的能力、及时和老师沟通解决问题的能力。到了六年级时，女儿兴奋地告诉妈妈，老师说她接受问题、解决问题的能力都很强。听到这句话，小杰的父母高兴极了。

由此看来，在孩子做功课时，不要让孩子依赖父母的帮助来解决困难，而要让孩子自己从经验中吸取教训。例如，有困难的时候，要采取积极的态度去鼓励孩子独立思考，不让孩子养成依赖性，更要让孩子明白做功课是他的责任。

2. 只看终极目标，不计一时得失，不许为考试突击复习

孩子上学难免要面对大大小小的考试，考试前也难免要突击复习。在生活中，不少父母从孩子上学那天开始，就告诉他，学习重要的是过程，而不是一次考试成绩。因此，必须当天功课当天复习。平时复习完功课有剩余精力，可以阅读闲书开阔眼界，可以和同学相约外出。一定不要把考试看得很重。学习的目的不是考试，考试只是为了促进学习。

有了这种思想观念和及时复习的学习习惯，孩子往往很少为月考、期中考、期末考紧张。考试结束之后，无论成绩如何，父母关心的不是孩子在全班的排名，而只是要求孩子把考卷上不会的试题重做一遍。即使在考初中这个问题上，不少父母也只是告诉孩子考上了更好，考不上也没什么，不会影响你今后的学习。

由于这样的父母一直不把考试当压力，也因为一直认为预习、复习是正常的学习程序，所以，他们的孩子没有过度的紧张感，而是以轻松的心态正常面对，正常发挥。

俗话说，授人以鱼不如授人以渔。陪着孩子学习，不如教会孩子自动自发地学习。因为良好的学习习惯和自觉学习的能力是孩子一生受用不尽的财富。

孩子的学习态度受很多因素影响，当他们还没有进入状态的时候，不要着急。孩子也是有自尊心、有上进心的，谁都不想落后，在状态不好的情况下，如

果连大人都稳不住了，孩子就更会不知所措。状态的转变需要契机，也要有天时、地利、人和。也许有时候就仅仅是因为孩子年龄太小，那就耐心地等他长大，等他成熟一些了，状态自然会好转；也许有时是因为孩子不适应某个老师，老师也是人，都有自己的个性和方法，有的孩子适应，有的孩子不适应。目前的教育体制下，孩子还不可能选择老师，所以只能加强沟通，让老师多了解孩子，让孩子尽量去适应老师；也可能是家庭环境对孩子不利，家长或过于暴躁，或过于严格，或过于溺爱，以及家里过于喧闹等，都会影响到孩子的状态。

在孩子学习不好的时候，家长更要有耐心，孩子越是怕学习，越不要逼他，不要把他仅有的一点自信都吓跑了。呵护孩子的学习兴趣就像呵护一棵幼苗一样，再大的树也是一寸一寸长起来的，急也没用，水浇得太多，反而会淹死。

孩子有他自己的生命力，尊重孩子，相信孩子，让他自己成长。

塑造孩子的误区

不注意保护孩子的学习兴趣，更不知道让孩子尝到成功的滋味。

父母常常情绪急躁，操之过急，采取强迫的方式要求孩子学习。

父母取而代之，孩子没有完成的作业，家长代劳；孩子犯了错误，家长自觉"顶罪"。

每天孩子的学习都是父母"赶鸭子上架"，有的甚至打疲劳战，陪到深夜。

给父母的家庭作业

你是否为了孩子的学习而伤透脑筋？你是怎样提高孩子的学习积极性和学习兴趣的？你认为如何才能让孩子意识到学习是他自己的事，从而养成自觉学习的习惯呢？

教子箴言

现今不少父母在子女学习的培训上不遗余力，却很少会耐心地指导子女反省。若能教导孩子对"学习本该是自己的事"这个问题常作反省，可以加强孩子自己的处事能力，增加孩子的自信心，让孩子逐步减少依赖，早些独立。

望子成龙"逼"不得

人都有惰性，在生活条件较好的情况下，很少有人愿意主动学习。如果一个家长想让自己的孩子多学习，最好的办法就是提高孩子各方面的学习兴趣，当孩子的学习兴趣提高了，他会自然想学，这比家长逼着学要好得多。因此，家长千万不可缺乏耐心。

由于社会竞争日益激烈，父母往往对孩子抱有"恨铁不成钢"的念头，从而强制逼迫孩子。父母的这种心情可以体谅，但这种做法是极其危险的。须知，强扭的瓜不甜。对孩子管束过严，剥夺孩子的自主权利，极度专制的后果会是怎样的呢？

实况回放

一位妈妈带着她的两个孩子在吃午餐。一个男孩，长得很壮实，有什么就吃什么；另外一个女孩，挑食，好多菜都不吃，看起来很瘦。这位妈妈让小女孩多吃点儿肉，小女孩执意不听。这位妈妈反复说了多次，没有半点效果，几乎要发怒了。这时，旁边一个服务员走近小女孩，在她耳边只轻轻说了两句什么话，就见这个小女孩对旁边的哥哥"哼"了一声，于是大口大口地吃起肉来了。

那位妈妈特别奇怪，拉住服务员问她对小女孩说的是什么，怎么这样灵验？服务员笑着说："您前几次带孩子来就餐，我发现哥哥经常欺侮妹妹。我刚才就对她说：'哥哥不是欺侮你吗？吃了肉，可以长得比他更胖、更有力气，他就再也不敢欺侮你了。'"

教子妙招

同样是让小女孩吃肉，为什么她的母亲都快发火了，小女孩还死活不吃；而一个服务员只说了几句话，她就吃了，而且吃得还很多。为什么？原因很简单，就是因为：这位妈妈对孩子提出的要求仅是她自己的需求，而不是小女孩的需求；但是服务员的话却激发出了小女孩的需求，"我要增强体质，抵御外侮"，所以小女孩开始大口大口地吃肉了。

马不想喝水，任你怎么拖，它就是不愿靠近水槽。若想要它喝水，可以让它先吃点盐，吃了盐口渴，再牵它去喝水，没有不肯去的。这位服务员的话虽然简单，但却蕴含着真正的智慧、真正的奥秘——把小女孩吃肉的需求激发出来了。我们所要追求的最好教育就是这种自动教育，激发孩子自己想要学习的需求：不是我要你吃肉，而是你自己想要吃肉！不是我要你勤奋，而是你自己想要勤奋！不是我要你学习，而是你自己想要学习！不是我要你考好，而是你自己想要考好！

这样，做父母的再也不用天天磨破了嘴皮子给孩子讲道理，还收效甚微；再也不用大喊大叫地逼着孩子去学习，还是一阵耳边风。

一般来说，那些成绩不佳的人如果不是反复地催促他学习，他是不会自己主动学习的。如果老师不布置作业，家长不反复地督促，他就不知道该学习什么好。我们把这种没人催促或指示就不会学习的现象叫作"依赖式"学习或"被迫式"学习。这样，由于成绩不能提高，学习也就不会有什么乐趣可言了。

然而，家长必须清醒地认识到：孩子之所以"依赖式"地、"被迫式"地学习，其根源在于家长没有采用科学的家教方法，引导孩子自觉主动地去学习，而是对孩子干涉过多，一厢情愿地替孩子设计人生之路，使孩子的求知欲和学习兴趣过早地枯萎，取而代之的是对学习的厌烦和对家长的逆反。

即使在家长的严密监督下目前学习成绩不错的孩子，如果习惯于"依赖式"学习或"被迫式"学习，而自己缺乏学习主动性的话，随着年级的升高，成绩也会下降，一旦到了初中或高中，就会由于缺乏后劲，成绩直线下滑，甚至会彻底垮下来。

可见，为了让孩子迈上成才的康庄大道，必须实施能够促使孩子自动自发地去学习的自主式的家庭教育。

自动自发的自主教育观点，几千年来，有许多的哲学家、社会学家和教育家做过精辟的论断。柏拉图说过："教育者只能给予推动，使学生自己去找到必须认识的东西。"奥古斯汀在《传统篇》中把教学改写为对学习者自己认识的助产。他认为，人们向孩子传授知识，传授理论的和实际的知识，能够做和应该做的一切是帮助孩子去理解知识的意义，使其自己获得对知识和世界的认识。教育者只能诱发孩子去理解和掌握认识的行为，但做出这种行为的人只能是被教育者，只能靠他们在自己学习的过程中去实现。

奥古斯汀说："教育者和被教育者之间应该是一种对话性的关系：学生能够理解教育者的意向、指示，然后对教育者采取有意识的态度；教育者促使孩子自己做出决定，教育者的职责是提醒，对孩子提出要求，孩子则必须自己完成这些决定。"

卢梭主张要"培养自然人"。自然人的特点是自爱、自主和自立。自爱即是要考虑自己、管好自己，要为自己负责。自主就是绝不按照老套的公式行事，不惧怕权威，要用自己的理智来决定自己的行动。自立就是要从小锻炼自己尽可能地依靠自己，非不得已不去求助他人，做自己喜欢的事情又不超越自己的能力。

成才的孩子绝不是父母逼出来的！家长们，请速速停止对孩子的强迫命令、监督逼迫，而是采取各种巧妙的办法，激发孩子学习的积极性和主动性，让他们自觉主动地去求知和探索，使他们在强烈的兴趣和旺盛的求知欲的驱动下欲罢学习而不能，使他们真心实意地爱学习，满腔热情地搞学习。倘若如此，还怕孩子的学习成绩不能提高吗？还愁孩子不能成才吗？

强制逼迫型的家教造就的是依赖型的孩子，孩子积极主动地求知的激情在逼迫的过程中会被扼杀殆尽，这对孩子的长远发展是非常有害的。

塑造孩子的误区

常常对孩子的学习进行督促并提出要求，长期忽视孩子积极主动探索求知品格的培养。

不注重对孩子进行启发，缺乏引导孩子的好奇心和兴趣。不是让孩子自动自发地学习，而是忌讳孩子不断领悟新的知识。

不管不顾孩子的学习兴趣，只要不好好学习，就采取强迫手段，不懂得强迫只会使孩子更加叛逆。

强迫学习使孩子长期处于高压状态中，严重伤害孩子的身心健康。

给父母的家庭作业

你是否知道"填鸭式"的强迫学习扼杀了孩子的创造力？你是否对自己的

孩子有过逼迫学习的经历？以后应该怎样让孩子自动自发地完成功课？

教子箴言

　　父母大多希望帮助孩子做作业，帮助孩子解决问题，使孩子学习成绩好。但那只是愿望，实际上孩子由于思维能力、自学能力、学习能力受到限制，孩子的智力因素在学习中得不到充分的发挥，从而降低了学习质量，影响了考试成绩。

自动自发贵在激发孩子潜能

在每个孩子身上，都蕴藏着巨大的、不可估量的潜力。每个孩子都是天才，宇宙的潜能就隐藏在每个孩子的心中。当你相信孩子是天才的时候，更实在的是怎样发掘孩子的潜能。每个孩子出生的时候都是天才，长大后没有成为天才的孩子，大都是被父母和身边最关心的人扼杀了。

大量科学研究成果表明，孩子的大脑潜能都是非常巨大的，而对孩子潜能的开掘首先必须调动他们的积极主动性，培养他们自动自发的能力和精神。

实况回放

一次，星星的作业做得不太好。妈妈说："做错了那么多，再罚做几道吧。"星星顽皮地对妈妈笑了："妈妈，请您再赏我做几道题吧！"妈妈随口说："再赏你几道题！"没想到赏给星星的题他不但很认真地做了，而且全对了。以后，星星学习用心了不少。

教子妙招

激发孩子潜能，父母需要一把钥匙，少看他的缺点，多看他的优点，有了这把钥匙就容易沟通了。哪怕孩子上次考了 10 分，这次考了 12 分，都要表扬他进步了 2 分，并鼓励他下次进步 5 分："说你行，你一定行！"孩子定会欣喜若狂。我们应该更加细心地去发现孩子一丝一毫的进步，并适时表扬他，这样孩子的自信心会更强，情绪上会自我激励，行动上会更加努力。否则，如果给孩子制订的目标不合实际，孩子跳起来始终够不着，时间长了，连他自己都丧失信心了，其潜能自然难以发掘。

在现实生活中，经常有的家长抱怨："我的孩子天生脑子笨。"请注意这句武断的话，也许会将蕴藏在孩子大脑中的巨大潜能埋没殆尽。科学研究表明，每位孩子的潜能都是非常巨大的，而父母开掘孩子大脑潜能的关键在于，引导和启发孩子自觉主动地学习和创造性地探索，主动地进行自我潜能的开发。

潜能，又叫潜意识。美国知名教育培训专家、潜能大师博恩·崔西指出：潜意识的影响力量是显意识的 3 万倍。潜意识为什么具有这样巨大的能量呢？

科学家认为，人的大脑由延髓至额前叶共有七层，是动物进化之极，它成了人类潜意识的重要的储藏仓库。潜意识犹如无限记忆与智慧的"软件"，隐匿在每一个细胞中。

大多数家长可能没有兴趣去研究大脑的神经生理结构，但是肯定会对以下的资料产生兴趣：人类的大脑只有 3 磅左右。以一个 150 磅重的人来说，这"灰白色凸凹不平的球体"只占身体质量比例的 1/30；这"小东西"让心脏每天不假思索地跳动 100 万次；它令眼睛可以辨别 1000 万种细微的颜色；它使肌肉（如果全部向同一个方向运动）产生 25 吨的拉力；它由 100 亿个脑细胞和 10 兆个神经交汇丛组成。整个大脑的神经网络，足足有十英里长。

这些关于大脑结构的资料是令人惊异的，而下面的这些关于大脑运作的资料，更是令人咋舌。

英国的心理学家、教育家托尼·布赞简明扼要地指出："你的大脑就像一个沉睡的巨人。"潜能就是大脑中"沉睡的巨人"。

一个正常的大脑记忆容量有大约 6 亿本书的知识总量，相当于一部大型电脑储存量的 120 万倍。它使孩子从出生开始每一秒钟可存储 1000 条信息。全世界的电话线路的运作只相当于大约一粒绿豆体积的脑细胞。

前苏联学者伊凡认为："如果我们迫使头脑开足四分之一的马力，我们就会毫不费力地学会 50 种语言，把整个百科全书从头到尾背下来，还可以完成几十个大学的博士学位。"

根据研究，即使世界上记忆力最好的人，其大脑的使用也没有达到其功能的 1%，人类的知识与智慧，仍是"低度开发"！人的大脑是个无尽宝藏，可惜的是大多数人终其一生，都忽略了如何有效地发挥它的"潜能"——潜意识中激发出来的能量。

美国汉诺威保险公司总裁比尔·奥伯莱恩说："世界上最大的未开发疆域，是我们两耳之间的空间。"

所以，是由于很多家长的无知，才妄下了"孩子脑子笨"的错误结论。事实上，"世界上最大的未开发疆域"是"孩子的两耳之间的空间"——大脑。家长如果采用正确有效的方法开发孩子巨大的大脑潜能，那么孩子就能变为天才！

开发孩子的大脑潜能，父母不能越俎代庖，正确的策略是，通过正确的引导和启发，激发孩子积极主动地进行自身潜能的开发。而父母的强制性的家教措施，只能适得其反，使孩子因逆反心理而抑制了潜能的释放。这正是许多教育学家主张实施自主教育的根本原因，也是许多家长痛定思痛后的经验积淀。

有很多家长认为自己的孩子天生就笨，即使努力学习也不会取得好成绩，因而一直没有很好地开发孩子的自觉主动地学习的"主动精神"。如果家长放弃了开发孩子身上最可宝贵的自动自发的"精神能量"的话，就等于放弃了孩子，也就是放弃了祖国的希望，放弃了祖国的未来。

真正打开孩子自觉主动的"主动精神"开关的是孩子自己而不是别人，父母绝不能代庖。不管别人怎样催促自己，如果孩子自己不积极主动地亲自动手，开关就不算真正启动。

很多家长也许知道自动上弦式手表吧！这种手表带有自动装置，只要手腕动，装置就会自动上弦。因此用不着每天用手上弦，也会自行运转。

自动自发地学习也跟这种手表的原理相同，如果家长能够引导孩子掌握了这种主动学习的"自动上弦式学习法"，就用不着天天盯着孩子催促了。在今后的社会中，这种"自动上弦式"的自动自发地学习是非常重要的。

如果家长一味地督促孩子强迫孩子去学习，而不引导孩子积极地自觉主动，那么无论家长怎样摇晃孩子就好比自动装置不运转，再好的自动表也无济于事。俗话说："马不喝水强按头。"这是不行的。父母为了越俎代庖强制性地进行孩子的潜力开发，会事与愿违，反而抑制潜能的释放。

让小脑瓜"转"起来。提高幼儿智力最直接的方法就是不停地刺激大脑，让它"转"起来。一般来说，孩子都会在大约 2 岁时面临智力的飞速提高，但随之而来的则是性情大变。他们变得对周围的一切大有兴趣，无论是看到的、听到的、摸到的，或者是尝到的，他们都愿意亲自尝试。此时父母们应该特别注意为孩子提供足够多的"新鲜事物"。总之一句话，千万别让小家伙闲着。

有些父母此时会开始考虑带孩子上一些正规的课程培训，比如：音乐、绘画等。但专家表示：在这个阶段，进行上述正规教育并不是必需的。假日里全家出趟门儿，看看城市里看不到的景色，呼吸些新鲜空气，这些都能很好地激发孩子的求知欲望，足以令他们的大脑飞快地转起来。

孩子表现得越活泼，兴趣越广泛，他们的求知欲望和学习能力也就会越强。父母可以带着孩子读诗词，唱歌谣，听音乐，并且给他们准备各种各样的有趣玩具和拼图，提供充分的空间去展示孩子的活力。

塑造孩子的误区

父母往往容易被孩子幼稚的外在表现所"迷惑"，而忽略对宝宝的智力引导。这是极大的教育失误。

忽视通过简单而有效的步骤，尽快激发孩子大脑的潜能，结果让孩子变得越来越满足现状，缺少活力和智力提高。

人各有天赋，都有成功的可能。但是，这种天赋往往在儿童时期就被父母不恰当的教育方式扼杀了。

当看到人家的孩子表现杰出时，不少家长常会埋怨自己的孩子一无是处。

给父母的家庭作业

你是否一味地埋怨自己的孩子？是否伤害过孩子幼嫩的自尊心？在日常生活中，你是否留意观察过孩子的行为举止、喜好憎恶？你是否在一时叫不动孩子做家务事的时候干脆自己做或者嫌孩子不会买东西，索性自己出门？在自己认定孩子念不好书后，你帮他做过复习题吗？

🖊 **教子箴言**

为了能够促使孩子真正地自觉主动地学习，家长必须坚决抛弃各种不当的家教方式，而应采取温暖、理解与民主式的教育方式，在家教中遵循尊重孩子个性，正确地启发引导孩子的原则，以全新的家教理念、高超的教子艺术，使孩子自动自发自主学习，不断取得进步。

自动自发学习，有利于培养孩子的创造力

创造力是一个人的核心竞争力，创造型人才是 21 世纪的精英人才，引导孩子自觉主动地学习，是培养其创造性思维品质的必然要求。创造力是人类区别于动物的最根本的特性和标志之一。它是人们根据一定的目的，运用一切已知信息，产生出某种新颖、独特、有社会或个人价值的产品的能力。这里的产品含义很广泛，它既可以是一种新概念、新设想、新理论，也可以是一项新技术、新工艺、新产品。具体来看，判别创造力的标准是看其产品是否新颖、是否独特、是否有个人或社会的价值。

实况回放

有这样一对父母，他们有两个孩子，一个 4 岁，一个 5 岁，他们常常和孩子们玩一个叫作"神奇的飞毯"的游戏。

这个游戏是，要求父母和孩子们坐在一块柔软的毯子上，然后由父母问孩子们想去哪里。很多时候，当妈妈的都会鼓励孩子展开想象。如果儿子说他想去非洲，妈妈就问他"那我们在那儿能干什么呢？""我们在那儿能看到什么呢？""有什么动物在那儿吗？""我们能从那儿买些什么纪念品回来呢？"等一些超乎孩子认知的问题。爸爸担心这些问题会让孩子为难，但妈妈总是说："你可千万不要小看了孩子们的想象力啊！"

真的令人惊奇，每次 20 多分钟的游戏过后，孩子们都会兴高采烈地说："啊，今天真好，又旅行了那么多地方。"我们知道，尽管这样的旅游是孩子们的想象，但谁都知道，没有想象，就没有未来，这对孩子们来说，是多么大的一笔财富啊！

教子妙招

一个人成年后的创造力如何，重要因素之一，是看其在孩童时期创造力是否

得到开发和保护，得到怎样的开发和保护，影响孩子创造力的因素有很多，而家庭教育是其中一个重要的因素。因此，作为家长，我们在激发孩子创造力方面应该有所作为。

1. 培养孩子的创造力

孩子的世界没有规则，没有禁忌，所以创造力如花儿绽放。那么，什么是创造力呢？其实，"创造力并不是一种单一的智力活动，而是人们充分调动和运用人的感知、情感、想象、理解等多种心理因素，在看似无关的事物之间发现某种相似或有共同之处的能力，是一种超越于实用功利目的之上的精神活动，其核心是创造性思维能力"。创造力是灵活运用智能的一种综合能力，心理学家把儿童的创造力描述为"回忆过去的经验，并对这种经验进行选择，重新组合，以加工成新的模式、新的思路和新的产品的能力"。儿童的创造力是比较简单和初级的，任何创造力都是在相应的心理水平和知识经验的基础上形成的。

培养孩子的创造力，还要明确孩子创造性思维的特点。孩子特别是幼儿创造性思维的主要特点是敢于大胆想象，不受任何外界客观事物的限制。幼儿期是创造性思维形成的黄金时期。幼儿具有创造力的萌芽，无时无刻不在萌发着，充满了生机。他们的创造力具有不自觉性、不稳定性和可塑性强等特点，因此利用他们的可塑性对他们进行早期教育，使其创造力趋向自觉、稳定，让其处于萌芽状态的创造力变得更加活跃，得到发展是儿童教育的一个重要任务。在实际中，我们要坚持做好。

2. 保护孩子的好奇心

伟大科学家爱因斯坦在回答他何以有那样重大的发明创造时说："我没有什么特别的才能，不过喜欢寻根刨底地探究问题罢了。"可见，保护孩子好奇、好问的天性是何等重要。

首先，允许孩子"异想天开"，鼓励孩子的"求异"精神。面对孩子无休止的刨根问底，父母一定要认真面对并积极鼓励。

其次，转变旧观念，淡化成人权威，正确评价孩子。

美国大发明家爱迪生，小时候把鸡蛋放在屁股下想孵出小鸡，做化学实验乃至起火，因顽皮被学校开除，但他的母亲能容忍他的"顽皮""出轨"行为，使他的创造力得到全方位的提高，成为著名的科学家。由此可见，幼儿的创造性思维是建立在无意之中，有时甚至会有出轨的"顽劣"之举，但只要我们把握机会，有意识地培养，定能有所收获。总而言之，幼儿的创造性思维特别需要一种民主、宽松的氛围，教师和家长应尊重孩子的人格，尊重孩子的天性和心理需求，使孩子敢于创造，乐于创造。

3. 培养孩子的观察力，提高孩子的敏锐感知力

观察是创造的基础。儿童生来就具有独特的观察力和强烈的敏感性。现实生活中，许多父母并不注重孩子观察力的培养。这样做，很可能会抑制孩子思考能力的提高。

4. 发展儿童的想象力

爱因斯坦说："想象力比知识更重要因为知识是有限的，而想象力却概括着世界上的一切，并且是知识进化的源泉。"想象是人类创造活动的两大认识支柱之一。创造性想象是从事创造性活动的一个必不可少的重要组成部分。没有想象力就意味着创造力的贫乏。儿童时期是想象力表现最活跃的时期，儿童的想象力是儿童探索活动和创新活动的基础，一切创新的活动都是从创造性的想象开始的。培养儿童的创造性想象，首先家长应丰富儿童的生活经验，使孩子头脑中充满各种事物的形象。要有意识地带孩子到大自然中去体验，参加社会活动，参加一定的家务劳动和公益活动，多与小朋友交往。

5. 培养儿童的动手能力

创新不能仅停留在思维阶段，而要通过一些实际活动使创新思维的结果物化。这就需要技能，包括形成方案、选择方案、操作技能、操作技巧等多种能力。这些能力的获得必须经由一次次的实际操作活动。在家庭中，家长要鼓励和要求儿童多动手。从小要求儿童"自己的事情自己做"，做力所能及的家务，并通过玩积木、捏泥人、做纸工、拆装简单机械等儿童感兴趣的活动来培养儿童的动手能力。入学后，支持儿童参加课外兴趣小组活动，在班级、学校、少年宫、科技馆等组织的课外兴趣活动中，挑选一两个孩子感兴趣的活动。当孩子在家中做一些小实验、搞小制作、小发明时，家长应尽可能提供必要的条件和帮助。

6. 开展儿童的右脑

人的大脑分为左、右两半球，并具有不同的功能。左半球是处理言语，进行抽象思维、聚合思维、分析思维的中枢；而右半球则是处理表象，进行具体形象

思维、发散思维、直觉思维的中枢。有关专家认为，右半球与人类的创造性活动有密切联系。

因此，要充分挖掘儿童大脑的潜力，就必须在日常生活中注意孩子右脑的开发。开发儿童右脑是一种无须课本的教育——它更多的是在各种活动和游戏中进行的，它需要的是多种活动协调进行，实施立体的、全方位的开发。家长应丰富儿童的生活内容，让儿童多与大自然、社会接触，鼓励儿童参加自己喜欢的活动。此外，根据现代教育的"偏左"（左脑）倾向和大脑两半球对称支配的特点，可以编制一些单侧训练活动：注意引导孩子多用左手、左脚活动，进行左视野训练和左耳听力训练。如：让儿童左手拍球、绘画、抓握物体、剪纸片、传递物品等，用左脚单腿跳、踢球、踢毽子等。同时，"右脑教育"还是一种形象化教育，是在儿童与父母及小朋友之间的情感交往中随时随地进行的，是以会话为基础的。家长在教育儿童和与儿童交往中，要注意自身语言的形象生动和新颖性，尽可能使儿童右脑中能产生栩栩如生的形象。

因此，培养孩子自动自发的学习能力和精神，在促使他们提高学业成绩的同时，更加强化了他们创造性思维的能力和品质，这对孩子的长远发展，具有非常重大的意义。

父母的强制和逼迫，只能导致孩子以消极被动的方式去学习，没有积极性和主动性，创造性思维的火花便很难被击发。

塑造孩子的误区

每个家长都希望有一个富有创造力的孩子，但现实世界里，创造力是个复杂的概念，而且它往往在注意力涣散、白日梦或者不守规则的时候出现。也就是说，最有创造力的孩子常常是麻烦制造者，他们经常作为麻烦制造者而遭到父母的呵斥，而不是鼓励。

孩子天生就拥有创造力，而他们对此并不自知。你却不讲方法不会保持他们的创造力：如不允许"错误的答案"。

拔高标准。把一个娱乐室搞得过分整洁，结果让孩子们没法在这样的房间里做一些乱糟糟的实验或是随意涂鸦。

因为自己喜好安静而禁锢孩子的活力、喧闹和率真，结果伤害孩子们的欲求。

给父母的家庭作业

　　每个孩子都拥有与生俱来的创造力。你是否注意到，自己的一举一动都在无形中影响着孩子的成长？你可曾希望，自己的孩子不随世事沉浮而泯灭童心？你是否困惑，怎样才能使孩子机智、敏捷？

　　教子箴言

　　由于父母对孩子过度的限制，总是这也不行，那也不行，使孩子无所适从，结果使孩子变得谨小慎微，人云亦云，缺乏独立思考和创造能力；限制了孩子思维灵活性的发展、思维批判性的发展，限制了孩子创新意识的发展，使孩子不能独立地自动自发地去求知和学习，结果必然会影响学习成绩和动手能力。

第二章

让孩子自愿学习的妙计

现实生活中，很多家长在怎样让孩子搞好学习的过程中走入了教育的误区：只重视分数，不重视品德；只知道一味地满足孩子的要求，不知道教育孩子学会感恩，懂得珍惜；只知道强求孩子学这学那，不知道交流与沟通……这些问题的出现，都与家教时应讲究的方法和策略有关。因此，怎样在引导孩子自动自发学习的同时，掌握切实可行的教子步骤和育儿方略是每个父母都应该慎重对待的课题。

自动自发既能成就孩子，也能解脱父母

孩子自动自发地学习，既把孩子推上了成才的道路，又使父母从无休止对孩子的监督控制、命令中解脱出来。同时，激发引导孩子自动自发地学习，父母不需要付出太多的时间和精力，就可以培养出成功的孩子，这样更可以轻松地成为成功的父母！

实况回放

飞飞妈妈在对待飞飞学习成绩上，一直保持一颗平常心，从来没有要求过孩子一定要考第一。

刚上小学时，飞飞为自己写了一个座右铭："永远争第一。"妈妈看后表扬他："这样要求自己很好，你可以永远向第一看齐，争取第一的好成绩，但是不要苛求自己一定要拿第一的成绩。"

令妈妈奇怪的是，飞飞好像形成一种规律，一到期中考试时，成绩就要下降。每当这个时候，妈妈一般只是对孩子说："飞飞，成绩下降了不要紧，妈妈相信你的实力，相信你期末考试一定会把成绩考上去的。妈妈对你很放心，因为你确实对学习很重视。"期末考试的时候，飞飞的成绩就又上去了。

这位妈妈知道，其实孩子的学习成绩也与其他事情的发展一样，呈波浪式前进，绝不可能成直线上升。学习成绩下降，孩子内心也会不安，此时也许孩子已经打算加倍努力赶上去，因此妈妈一定要相信孩子，让孩子自己处理，不要过多地干涉，要相信孩子会给父母一个满意的答案。

教子妙招

教育是一个古老而崭新的课题。说它古老，因为对教育的研究与讨论已历经数千年，地跨东西；说它崭新，因为每一个时代、每一方水土都会有适合于自身的教育理论和教育方式方法。

"我们该怎么做？""孩子要有文化，要接受良好的教育，要上大学，能不重视成绩吗？""我们也期望孩子健康快乐，有能力，有出息，怎样才能提高孩子的素质，又不耽误学习？"关心孩子成长的父母们有着很多这样的疑问。

的确，在目前的状况下，如何让孩子自觉、主动、积极地学习呢？如何平衡素质教育与应试教育？如何让孩子成为一个既身心健康又有学识的人呢？

我们大力提倡自主教育的目的就是指点父母如何采用巧妙的办法引导孩子自觉主动地学习，进而开发其智力潜能并完善其人格。

美国著名教育心理学家赫施密特指出：自动自发的教育实现的是受教育者和教育者的合一，使教育的对象成为主体，由于自身掌握了主动权，个人将在发展的过程中拥有无穷的力量和智慧。如此，不仅使受教育者的潜能得以极大的开发，而且使教育者得以身心的解脱。而这里的关键在于，教育者必须掌握以一驭万、能够真正诱发受教育者主动性的策略。

自动自发的自主教育作为一个适应时代发展、社会需求的崭新的教育理论体系，有着丰富而独特的内涵。

对自动自发的自主教育起辅助作用的人，在学校为老师，在家庭为家长，他们是具有一定知识并具备一定知识传授能力的人。更重要的是，他们有一整套能够真正诱发受教育者主动性的策略。

由于中国目前应试教育体制改革工作尚未全面展开，所以，自动自发的自主教育工作大部分落在了父母身上。

然而，值得注意的一点是，自动自发的自主教育中的家长与孩子、教师与学生之间的教育与被教育的关系并非固定不变的。也就是说，并非教育者一直都是教育者，受教育者永远都是受教育者。这是因为，在自动自发的自主教育的前期，父母与老师是主要的教育者，到了自动自发的自主教育的后期，当孩子已经掌握了学习的方法并将之应用到自己的学习生活中后，孩子就发生了转变，从实质上变为了自主教育的自觉者。这时，他们会自动自发地去求知学习，在某些时候，他们的独特见解和新的发现甚至会影响到老师和父母，反过来使先前作为教育者的老师和家长受到启发。为此，下面几点，做父母的做好了，你一定会感到教育孩子其实很轻松。

你只需要协助孩子自我负责而不是手把手地去做。包括他的起居作息，都尽量让他们自动自发地去规划，而父母只需要扮演一个协助的角色，让孩子从小就去学会放眼长远直至学习着去规划他的人生。如果他们有某方面的兴趣，我们也尽量去协助他们开发自己的兴趣。父母如果很开明，小孩子就能够把他们的理想、心愿讲出来。你不要以为小孩子不懂事，必须要父母帮他做抉择。你越有这样的心态，小孩子的成长就越是迟缓。如果你能够让孩子尽量学习着自我负责，他就会越早地成熟，父母就不必太过操心。

容许孩子犯错。就像你要学游泳，或是学某种技术，总是要经历过跌跌撞撞的过程。如果你要求太严，巴不得他们一定要前三名。那么，你给孩子的这些压力，会压缩他学习的空间，孩子甚至因为惧怕失败而不敢去做尝试，他的人生范围和视野也会变得十分狭窄。

父母自己如果在不断地成长，孩子就会跟着他们一起成长。不要认为，当父母的总是懂得比孩子多，未必！孩子的吸收力、学习力都很快。在养育孩子的过程中，如果我们能够跟孩子一起成长的话，对他们会更好。

如果孩子的思想超过我们，或在某方面的体会超过我们的话，为人父母者也要能够跟他们学习，不要总以为：我是大人，所以我应该懂得比他多。若你能够以一个开明、民主的胸襟去教育孩子，孩子就会在你的"爱与智慧"的教育之下不断成长。当他能够把生命的意义发挥出来，你也会以你的子女为荣。所谓的"望子成龙、望女成凤"，不是用我们大人的"意思食、主宰欲"去帮他们安排一个"未来"，而是让他们勇于做回他们自己，从而发挥出自己生命的潜能。

塑造孩子的误区

置孩子的独特性于不顾，不尊重孩子的意愿。不少家长总想为孩子安排一切，包括将孩子的前途都设计好了。他们自己节衣缩食，却不惜拿出大笔学费，替孩子报各种各样的"特长班""兴趣班"，其实孩子既无特长，也根本没有兴趣，都是家长在那里瞎忙活。

对孩子期望过高，要求过严，无休止地对孩子提出要求，不切实际地急于求成。父母的这种心态和做法促使孩子脆弱的心理进入一种怕失败的高压状态，导致他们精神上、心理上陡增紧张和焦虑情绪，这是中国家教中一个相当普遍的现象，中国的孩子因此成了负担最重的一批人。

采取注入式，向孩子强塞硬灌。很多家长利用一切机会向孩子灌输大道理，有时态度是友好的，有时态度是强硬的。但不论什么态度，孩子就是听不进去。

强迫孩子，强制孩子。父母命令孩子做事情，或强迫他去做，是在显示我们的权力，而这种权力无非是身份、年龄或体力的差别，孩子当然无法在这些方面去与大人竞争。然而孩子的反抗心理却与日俱增。其实，这并不意味着家长不能引导和影响孩子做正确的事情，只是意味着我们没有用心去寻找不同的、有效的方法。

给父母的家庭作业

你在教育孩子自动自发学习的过程中，有没有感到很累、很疲乏？你是否不顾孩子的自身资质，不尊重孩子的意愿，用自己的爱好与期望，越俎代庖，替孩子选择奋斗目标？

教子箴言

孩子的成长水平如何，是否能够积极主动地去学习，与父母的教育方式有很大的关系。如果父母的教育方式不当，就会导致孩子以消极的态度，被动地依赖式地学习，影响孩子的心理健康和孩子的学习成绩提高，从而也会使父母陷入"不管不行"的怪圈当中。

千万别做勤快妈妈

很多家长问孩子会自己学习吗？答案是肯定会的。而不少孩子之所以不喜欢在家待着，很大原因是爸爸妈妈过于勤快，天天逼着学习。家长这样勤奋地让孩子学习的理由很简单——孩子自己不会主动学习。其实，对孩子的学习来说，做父母的不要操心太多，更不要像个"奶妈"似的勤抓狠管，我们必须从培养孩子的学习主动性和增强学习动力入手，让孩子喜欢学习、有动力去学习，这样，孩子就会自动自发地想学、爱学。

实况回放

暑假要结束了，还有两天就要开学了，可是，丁丁还在赶写作业。

妈妈说："丁丁，你做事总是这么拖拉，这么长时间都不想着写作业，要开学了才想起挑灯夜战。"

丁丁委屈地哭了："暑假报了好几个培训班，我哪有时间写作业？如果完不成作业，肯定要挨老师批评了！"

妈妈正在唠叨着，奶奶来了。

"也不知道为什么，这孩子做作业总是不能自觉主动。"奶奶抱怨说，"经常是20分钟的作业，非得磨蹭1个小时才完成。"奶奶跟妈妈说，平时孩子做作业，经常是边看课外书边写作业，屁股没坐两分钟就嚷嚷着要喝水、上厕所。

妈妈向丁丁的班主任老师咨询丁丁的情况。老师说："丁丁在学校表现不错，各科成绩很好，总是能按时完成作业。"

教子妙招

从丁丁和妈妈的故事中，我们可以看出，为什么丁丁在家里总把作业一拖再拖，学习没有主动性，原因就是丁丁的妈妈给丁丁布置的家庭作业太多了，导致丁丁不敢公然反抗妈妈的命令，只好对学习采取拖沓的态度，这样，学习的自觉性和主动性当然就差了。

现实生活中，像丁丁这样的情况在孩子身上很常见。不知有多少家长都在抱怨："孩子在家做作业总是磨蹭，学习没有主动性，家长催一催，孩子动一动，急得家长恨不得揍孩子一顿。"

事实上，孩子在做自己感兴趣的作业时，一点儿也不磨蹭。为什么孩子在家做作业时爱磨磨蹭蹭？还喜欢东张西望、摸这碰那呢？

其实，孩子对学习不能自动自发，家长方面的原因有很多：

一是过分督促和数落孩子。有的家长看到孩子做作业时，时间观念不强，就忍不住要催促。家长认为督促孩子越多，孩子进步就会越快。其实不少孩子学习差、习惯差，往往不是因为父母督促得少，而是因为督促过多，这样的结果往往让孩子觉得自己学习是给父母学的。孩子总被父母督促着学习，时间长了，就失去了学习主动性。

有的家长则喜欢在孩子做作业时指责、数落孩子的各项不是，一旦发现孩子作业上有问题，哪怕是小问题也极力放大，让孩子改来改去。这样，孩子不可能在父母的责备中有积极愉快的情绪体验，而且家长的唠叨、训斥，只能让孩子产生紧张、烦闷的消极情绪，从而影响孩子的学习态度和学习兴趣。

二是过多的额外学习。在课余时间让孩子学这学那，孩子仅有的娱乐时间被占用，孩子当然就会对家长的做法产生软抵抗，在家里学习的时候出现"磨洋工"的情况。

作为家长，担心孩子的学业和前程的心情是可以理解的，但是，孩子的学习有其自身的发展规律，一味地担心或者督促，结果只能是事与愿违。所以，家长对待孩子的学习态度要理性一些，教育孩子的方法更应科学一些，让孩子的学习变得更轻松一些。

1. 给孩子学习的自主权

很多家长，在追求学习成绩的大背景下，很容易急功近利，盯住孩子的学习成绩不放。孩子每天放学回到家，家长总是先要求孩子必须完成作业，然后再去玩。可是，对孩子来说，刚刚从学校回来，他们肯定希望能先休息一下，吃点东西，做点自己喜欢的事情。

家长的心情可以理解，希望孩子成绩好、考个好大学，然后再找份好工作。

所以，家长总会期望孩子一门心思地学习再学习，除了完成老师布置的作业外，家长还要给孩子布置许多课外作业，让孩子去看、去练，以为这样就能够提高孩子的学习成绩。可孩子果真这样做了，成绩也还是不理想，家长会认为孩子还不够努力。其实，问题不在孩子，而是在家长没有让孩子形成学习的积极性，让孩子能自觉主动地学习。

要让孩子主动学习，妈妈要用心创造一种轻松的家庭氛围，把什么时候玩、什么时候做作业的主动权交给孩子，让孩子有学习的自主权。比如，刚上学的孩子，回家会问家长："妈妈，我先玩一会儿，等一会儿做作业行吗?"妈妈就可以指导孩子如何学会安排学习和玩耍的时间，这样逐级发展孩子的主动性，让孩子学会自己安排学习时间，学会主动学习。

2. 培养孩子的学习兴趣

孩子学习习惯的养成，得益于培养孩子对学习产生良好的兴趣。作为父母，我们不要把孩子培养成学习的机器，而要让孩子从小对学习有兴趣，这既能让家庭教育变得轻松，又能使孩子终生受益。

孩子觉得学习好玩，对学习感兴趣，学习就会成为一件轻松快乐的事情。妈妈要想让孩子主动学习，关键是要培养孩子的学习兴趣，要让孩子觉得学习"好玩"、对学习感兴趣，让学习变成孩子的一种需要。

对孩子来说，学习知识当然重要，可孩子是一个独立的个体，不是家长说什么孩子就会去做什么，孩子必须通过自己的头脑来观察、思考和吸收，知识和经验也必须通过他自己的努力才能得到，父母就是要善于引导孩子去发现知识中的奥秘，让孩子对学习产生兴趣。

3. 不要过分看重孩子的成绩

每个父母对自己的孩子都有期望，这无可厚非。但是，如果父母对孩子的期望值过高，会造成孩子过大的心理压力，不利于孩子自觉自愿地学习，尤其是那些比较听话的孩子，他们生怕辜负了父母的关爱，担心考不好无法面对父母。过于担心学不好往往导致的结果就是学不好。每当考试的时候，孩子就更加紧张，不能轻松自如地投入考试，结果越考越差。这样会使孩子越来越失去信心，产生自卑心理，对孩子的健康成长和学习兴趣都是极大的伤害。

塑造孩子的误区

总是对孩子的学习成绩表示太大的关注，那样会造成孩子学习紧张，压力增大。

不知道教他（她）足以带来成就感的知识，如古诗、数字、故事、家务、玩耍、交朋友等。

喜欢把孩子的成绩与其他孩子相比，不是分析一下造成这种现象的原因，反思自己的责任，而是一股脑地责怪孩子。

从来不和孩子一起读书，孩子的房间也没有他自己爱看的书籍，如《格林童话》《伊索寓言》等。有的只是家长认为好的名篇名著。

给父母的家庭作业

你是否认为每天都得叫孩子起床，即使孩子赖床也没关系，反正等一下再摇醒他就好了？你是否像个秘书一样，总是跟在孩子身边，提醒孩子"该做功课啰！"或"该上钢琴课啰！"如果孩子上学迟到或者学校功课没做完，你会不会陪着孩子去向老师道歉，为孩子说情？你是否相当贴心地帮孩子制订活动内容，不管是寒暑假或休息日，孩子的时间完全在你的掌握之中？

教子箴言

不能否认父母对子女的适当关照，适当保护。现在的问题是父母对子女的保护太过火了。事情都是有限度的，超越了限度就使事情的本质发生了转变，效果往往适得其反。

善于启发、正确引导

启发引导式教育起源于 20 世纪 20 年代，该法的理论基础是指通过他人的引导、诱发和教育，采用综合的教育手段，调动孩子的自主学习等各方面的潜力，以娱乐性和节律性意向来激发孩子的兴趣和参与意识，以促进孩子学习方法的完善。此法在欧美、日本及香港等地非常盛行，近年来，在我国也取得长足发展。

启发引导的原则，是古今中外一切教育家都十分推崇的教育原则，是家教中应当坚持的正确原则，在培养孩子自觉主动地学习的能力和精神的过程中，更应当一以贯之。

实况回放

果果很贪玩，老师布置的作业每次都要妈妈提醒才能做齐，而且从没想过还要复习、预习，没有好的办法，妈妈有时只好强迫他复习功课，但是，果果就是一副心不在焉的样子。

妈妈不能再看着果果散漫下去，就想了一个办法。

有一段时间，果果对摇签特别感兴趣，妈妈受此启发，也收集了一些竹签，放在一个大竹筒里。然后，妈妈叫来果果说："想不想抽个签，感受一下？"

果果也觉得好奇："就要摇签。"妈妈说："先别忙，妈妈还有话说，这竹签上写有复习语文、复习数学、做作业，也有写着看动画片、玩游戏、做家务等。你抽到哪个就要做哪个，你同不同意？"

果果说："我自己摇的签肯定照做。"

妈妈说："那好吧，如果认账的话就要好好地做，不许三心二意，否则就不许你摇了。"

果果点头赞同。一会儿，果果摇出的签是"看动画片"，妈妈什么也没有说，就把遥控器交给果果，让他掌握，果果非常满足。

第二天，果果摇到了"复习数学"，果果也说话算数，认真地复习了学过的数学知识，还做了习题。

就这样，果果开始按照摇签的内容安排自己的学习。用了这个方法，果果不仅玩得痛快，而且学习效率也提高了很多。因为竹签上学习的内容多，玩耍和看电视的竹签比较少，果果的成绩提高得很快。

教子妙招

由于摇签的不确定性，果果很愿意继续摇签。没有想到，妈妈通过这个简单的办法，培养了果果的学习兴趣。

那么，自动自发的自主式家教方式，应该遵循怎样的家教原则呢？这个家教原则可以概括为八个字：尊重个性，启发引导。

所谓尊重个性，就是要尊重孩子的性格特征、气质特征、兴趣爱好、心理特点，因势利导，因材施教，因为适合孩子的个性特征，家长所施予的合理的教育，孩子才能够乐于接受，进而才能够乐学爱学，在学习上逐步达到自觉主动。家长切不可按照自己的主观愿望强迫性地塑造孩子，把自己的意志强加给孩子，否则，久而久之，只能引起孩子强烈的逆反心理，甚至和家长公开对抗，试想，如果是这样，还指望孩子自觉主动地去学习吗？

所谓启发，就是通过各种方式和途径，开启孩子的智慧之窗，激发他们探索外部世界的强烈欲望，调动他们的求知兴趣，让他们在好奇心和兴趣的驱动下，积极主动地去学习。中国古代教育家孟轲在两千年前就精辟地指出："启而不发，跃如也。"即家长要巧妙通过各种渠道开启孩子，使他们有一种探索和求知的强烈冲动，在这种自我冲动的鼓舞下跃跃欲试，欲罢不能。可以说，这是启发孩子的最高境界。

所谓引导，就是家长要根据孩子自身的兴趣爱好、个性特征，因势利导，循循善诱，使孩子的一切学习行动看上去完全是他们自己的选择，是他们的一种自我内在要求。在这个过程中，父母虽然把自己的要求和意图施予了孩子，但这种要求和意图是隐藏的，是不明显的，是孩子易于接受和乐于实行的。可以说，这样的父母是最为高明的。

至于启发式的教育原则，我国伟大的教育学家孔子在两千多年前就提出了。孔子的话非常精辟："引而可发，跃如也。"用现代话讲，就是在教育孩子时，要善于引导，循循善诱，诱发孩子旺盛的求知欲和浓厚的兴趣，使他们跃跃欲试，主动地通过学习探索未知，寻求答案。父母的责任在于引导孩子，至于"发"，是孩子在父母的激励和鼓舞下，自动自"发"。

但是，令人遗憾的是，在现实中，许多父母受根深蒂固的传统观念的影响，急功近利，过于关注孩子的学习成绩，往往凌驾于孩子之上，对孩子发号施令，指手画脚，把自己的愿望和意图强加给孩子，真是孩子高兴也得这样做，不高兴也得这样做；有的家长对孩子干涉过多，一切代包代办，这些实在有些强制、逼迫，甚至有些粗暴独裁。以这种方式教育孩子，只能激起孩子对学习的极度厌烦，产生强烈的逆反心理，甚至酿造家教的悲剧。

因此，孩子是学习的当事人，被迫学习，被迫考试，学习处于被动状态，时间久了，孩子对学习生厌是可以理解的。家长指导孩子学习时，可以换一种方法加以引导，不是经常让孩子去解答问题，而是采取让孩子创造问题的学习方法。这不仅会改变孩子的学习态度，而且会激发讨厌学习的孩子的学习兴趣。

1. 让孩子创造问题，增强子女的求知欲

让孩子创造问题，孩子会考虑什么地方是要点，父母也可以在指导孩子学习时以此为中心。另外，孩子一般会对自己理解非常充分或自觉得意的地方提出问题，这对父母来说，就很容易掌握孩子在哪些方面比较擅长，在哪些方面还有欠缺。如果坚持这种学习方法，孩子就会在平常的学习中准确地抓住学习的要求和问题所在。此外，这还有助于提高孩子的表达能力，满足孩子的自尊心，学习自然就会取得良好的效果。

2. 让孩子做老师，提供运用知识的机会

父母可以与孩子一起学习，让孩子做老师去教父母，试着交换一下教和被教的地位，孩子站在教方的立场，会提高其学习的欲望，同时，为了使双方明白，自己必须深入地学习并抓住学习内容的要点，这对于其自身的学习有很大的帮助。

3. 开展竞赛

"竞争"是支配人类行动的一个重要动力。比起一个人努力，不如和对手竞争能更大地发挥自身的潜力。有条件的家长，可以让孩子和同班同学一起学习，一起写作业，看谁写得既快又好。孩子也可以暗中找一个比自己成绩略高的同学作为对象，暗下决心，争取逐步赶上和超过他。

4. 利用"报酬效应"激发学习兴趣

在做功课时，有想睡觉、看电视、吃零食等的诱惑时，就可反用此法。自己设定在达到某个目标或阶段后，以奖赏的形式来满足自己的欲望，就是说只有达到规定的程度之后才可做自己期盼的事情。如此一来，你可能为了及早得到奖赏而专心致志地学习，并尽可能缩短学习时间以求得满足。像这样快乐的记忆比被迫强记更牢靠、更持久。

5. 和孩子讨论他的未来

每个孩子，都会有对自己的未来的憧憬。做父母的，不妨让孩子充分发表他们对未来的希望，不管是多么不切实际的想法。父母和孩子一起讨论为了实现自己的理想需要具备哪些知识，让孩子了解，为了自己的将来，目前辛苦读书是必要的，从而激发孩子学习的积极性。

塑造孩子的误区

每个家长都希望自己的孩子学得既轻松愉快，又能取得好成绩，但往往很多时候不尽如人意。有的孩子一讲到学习就头痛，他们怕读书，怕做作业，更怕写作文。遇到这些情况，不少家长也跟着头疼、烦恼，甚至把这样的情绪发泄在孩子身上。

父母常把学习焦点放在孩子的学习成绩上（考试考了几分、班上排名多少），如此一来，就是教导孩子，你做的所有学习，都是为了取得这些外在的肯定。

孩子的学习动机被扼杀的原因之一，是父母只认为，在学校考试成绩良好，才是未来有出息的保证。因此对孩子的学习成绩过分在意，而造成孩子过多压力。

给父母的家庭作业

孩子向你提问时，是否及时把所知的告诉他？当孩子要求你帮忙做某些科目的练习，如收集或整理资料等，你会帮忙吗？孩子告诉你他被同学欺负时，你会怎样做？是否在孩子专心做某项活动时（如读小说等），催促他做功课？

教子箴言

孩子最需要父母的关心、启发和引导，父母对孩子每一个进步的恰当的引导，都能够点燃他们心头的进取之火，使他们再接再厉，不断进步，同时也能够促使孩子进行积极的自我激励，鞭策孩子自动自发地学习。

掌握家教策略孩子才能自动学习

策略和方法是家庭教育的生命线。绝妙的教子策略和方法是将子女引领到自动自发地学习之岸的金色桥梁。如果家长们树立了一定要驱使孩子自动自发地去学习的深刻观念，对孩子的一生来说，是一种福音。但是，要真正使孩子积极主动地自动自发地学习，必须遵循一定的家教原则，必须掌握一整套绝妙的教子策略。

实况回放

团团不爱学习，做作业特别马虎，成绩当然不怎么样。但团团也有自己喜欢的事情，就是特别爱好飞机，不管是战斗机，还是民用机、侦察机，各种型号的飞机他都清楚，俨然一个飞机情报专家。团团不仅有丰富的关于飞机方面的知识，还喜欢做飞机模型，一做起来，几个小时都可以。

妈妈虽然支持团团做自己感兴趣的事情，可是，妈妈也希望团团能在学习上下点功夫。如果团团对待学习能像喜欢飞机那样，学习成绩不会像现在这个样子。

妈妈想，既然团团喜欢飞机模型，不如因势利导，把团团喜欢飞机的行为动机引导到学习知识上。

此后，妈妈不仅支持团团的这一兴趣，还给团团找了许多关于飞机的资料和相关的书籍。团团通过对各种飞机性能的认识，逐渐对数学和物理等知识开始进行深入学习，慢慢的，团团也开始重视起学习来。

教子妙招

策略就是智慧。人们常说，智慧是可以传递的。唯有智慧之甘露，可以以无形之心态滋润人们的心田，帮助人们度过各种困厄之荒漠；唯有智慧之甘露，可以转化为指引人生之光芒，导航人们在人生道路中的前行。所谓的迷惑，在智慧光芒照耀下，不过是一层淡淡的薄雾。讲策略、有智慧的父母，可以把智慧传递给子女，它能帮助子女们更加自动自发、更加自信优异。

所以，我们在教子过程中，要采取循循善诱的策略，坚决摒弃"注入式"。"注入式"也称之为"填鸭式"，就是不分青红皂白，给孩子强塞硬灌，孩子只有被动接受的份儿，而没有主动思考的余地。久而久之，不仅使孩子因学习的枯燥无味产生强烈的厌学情绪，而且使孩子对家长、对老师产生严重的依赖性，进而抑制孩子的探究精神和创新思维的方式。

综上，为了实现孩子真正自动自发地学习，家长必须掌握以下教子策略：

1. 让孩子确立志向，树立目标

一旦孩子确立了坚定的人生理想和追求，那么他们便会调动全部能量，主动求知，积极进取。父母要善于采用各种途径和方式引导孩子树立远大的理想，经常与孩子一起设计学习的目标，使远期的理想和近期的目标结合起来，促使孩子通过实现一个又一个的目标，逐步接近人生的理想，在理想和目标的激励和鼓舞下，实现真正的自觉主动。

2. 积极鼓励，适当引导

在学习的过程中，孩子所取得的每一点成绩，不管家长还是老师，都应该积极采用多种形式给予适当的鼓励，让他们获得一种被人承认、被人接受的感觉。水滴石穿，量的积累达到了一定程度，就会发生质的变化。同样，鼓励这个助推剂，积累到了一定的程度也会收到意想不到的效果。

孩子对某一问题、某一学科的兴趣也就在这一次次的鼓励中得以形成、得以发展。但另一方面，我们也应该看到，孩子接受新事物的能力比较强，世间的万事万物都能引起他们的兴趣，而他们由于生活阅历的欠缺，对真善美、假恶丑的分辨能力有限，不良的学习兴趣和学习习惯也会乘虚而入。这时候，作为家长或老师，就应该适当地加以引导，告诉他们哪些是对的、哪些是错的，哪些该做、哪些不该做。

3. 挑战困难，循序渐进

学习是个循序渐进的过程，对学习既要知难而进，又要做到从易到难。在学习中遇到困难是很正常的现象，关键是要处理好它。有的孩子喜欢向困难挑战，在战胜困难时感到其乐无穷，这样就形成了自己的学习兴趣；有的孩子不喜欢困难重重的感觉，家长便可以引导他们在学习中选择从易到难的方法，不要急于求成，让孩子在每前进一步中都体会到一种成就感，这同样也能培养他们学习的兴趣。

4. 让孩子从学习中寻找快乐

学习若能给孩子带来快乐，那么孩子一定会喜欢学习，年龄越小的孩子，学习兴趣越是以直接兴趣为主。例如，有的孩子喜欢画画，可能是他愿意用五彩的蜡笔在纸上涂抹，看着五彩的线条在纸上延伸、扩展，他的思维、想象也跟着任意遨游、旋转；也可能是老师经常表扬他，虽然他画得并不怎么样……

此外，家长和孩子一起学习。当孩子解答出难题后，与孩子分享快乐；当孩子不懂时，与孩子共同探讨。如此也能让孩子觉得学习是件愉快的事。

每个孩子对知识的学习和掌握，都是被兴趣牵引着一步一步地实现的。作为父母，应当珍惜孩子求知的兴趣，并积极地给予保护和鼓励，从小引导孩子在自主求知中快乐学习。既要顺其自然正确地培养孩子的学习兴趣，又要循序渐进，因势利导，这样，就可以收到很好的效果。

5. 保护孩子的好奇心，激发孩子强烈的求知欲

兴趣是孩子最好的导师，孩子一旦对某方面的知识产生了浓厚的兴趣，他们便会在兴趣的感召下，积极主动地去钻研探索。家长要善于发现孩子的好奇心，呵护孩子的好奇心，引导孩子的好奇心，用好奇心的星星之火，燃起孩子强烈的兴趣之火。

求知的强烈欲望，是驱使孩子自主学习，不断进取的不竭动力。在旺盛的求知欲的撩拨下，孩子即使不想学习也是欲罢不能。家长要善于通过各种途径，点燃孩子的求知欲，使之驱策孩子积极主动地学习，最终实现自觉主动地求知。

6. 塑造孩子乐观自信的积极心态

当孩子对学习和人生充满坚强的自信心的时候，他们才能以乐观进取的精神，积极地求知学习，实现学习的目标和人生的理想。一个自卑而悲观的孩子，决不会积极主动地去学习，他对于学习一定是消极被动的。所以，家长要促使孩子自动自发，必先引导他们塑造积极自信的良好心态。

上述的教子理念、家教原则和教子策略是每一位有志于让孩子自动自发地去学习的家长必须掌握的精华内容，在这里只作概要的介绍。本书后面的内容，就

是围绕上述内容逐一展开。相信在本书的指导下，每一位家长都能深谙让自己的孩子自动自发地学习的家教诀窍，成为教子高手。

塑造孩子的误区

有些做家长的，总想让孩子事事都听自己的，要求孩子"这样做"或"那样做"，却忽略了孩子的接受方式。久而久之，孩子不仅不听他们的话，还会产生抵触情绪和逆反心理。

家庭教育不能调动起孩子学习的主动性和积极性，使孩子缺少解决问题的能力。他们不会通过发现和发明学到知识，更没有应付社会的能力。

给父母的家庭作业

你对家教要讲策略怎么看？对于打开孩子学习的心灵之窗，激发他们学习的劲头来，你准备做些什么改变？作为父母，教育孩子的关键在于保护好他们的求知欲望和好奇心，让他们在这种氛围中自动自发地学习，因此，你是否真正让孩子做到了"自主学习"，或者说"自动学习"？

教子箴言

过重的学习负担，会使孩子喘不过气来，逐渐失去对学习的兴趣。当然，孩子的学习过程中，适度的压力是必要的；但就目前来说，不是孩子没有压力，而是学习压力过重，家长应切实树立减压的观念，让孩子轻松上阵，乐观愉快地自动自发地学习。

营造良好学习环境

　　蔡元培曾经说过："家庭者，人生最初之学校也。一生之品性，所谓百变不离其宗者，大抵胎教于家庭之中。习惯固能成性，朋友亦能染之，然较家庭，则感化之力远有及者。"可见家庭对孩子有着举足轻重的影响。为了能更有效地调动孩子的学习积极性，一个良好的家庭环境是必不可少的。

实况回放

　　8 岁的欢欢从小就是个让父母特别省心的孩子。由于父亲工作变动，全家临时搬到了另一个城市。他们的新家位于一个菜市场附近，小区前的那条街道每天人来车往，热闹非凡。周末的时候欢欢也会经常跟随母亲去菜市场买菜。

　　有时候他自己也会去那里找伙伴们玩。慢慢地，母亲发现儿子变了，坐着的时候喜欢搭着二郎腿，学习的时候也总是动来动去的，东张西望，甚至有时候嘴里还会蹦出脏话。母亲特别疑惑，不知道孩子怎么回事。经过几天的观察，她发现原来孩子在学市场里一些闲杂人员。于是，她马上和丈夫商量，为了给孩子一个良好健康的环境——搬家。

教子妙招

　　俗话说："近朱者赤，近墨者黑。"环境对孩子身心发展的影响是巨大的。我国著名教育家叶圣陶先生就曾说："教育无非是培养良好的习惯，良好的道德习惯，良好的学习习惯，良好的卫生习惯。"孩子这些良好习惯都是从周围环境，如家庭环境、学校环境之中习得的。因此，给孩子营造一个健康的环境是孩子顺利、健康成长的关键。

　　孩子来到这个世界，对世界上的所有事物都感到好奇，同时他们也急切地盼望能更多地了解这个世界，更快地融入这个世界，于是他们就尽力模仿。父母的一言一行，家庭其他成员的一举一动，周围人们的举止行为都会成为孩子模仿的对象。他们模仿周围环境里人们的言语、动作，并慢慢形成自己的行为习惯。

因此，当孩子来到这个世界后，父母就要时刻注意环境对他们行为习惯的潜移默化。如果孩子总是听到热情洋溢的歌声，他们也会受到歌声里传达出来的情绪的感染，从而热爱生活。如果孩子总是听到低迷的乐曲，曲调中传达的消极情绪同样会感染他们的内心，长此下去，孩子更加容易养成孤僻、悲观的性格。

这些孩子们在人生初期感受到的情绪体验很可能会持续一生。而且一般来说，环境因素是比较稳定的，孩子经常受到不良情绪的感染就会让他们的情绪体验固定下来，成为一生的习惯和性格。

环境是孩子成长的重要因素，却常常因为父母的忽略而对孩子的成长带来不利，尤其是在家庭环境中，父母长年来形成的一些不好的习惯正在不知不觉地影响着孩子，但是父母们却不自知。

因此，消除孩子成长环境中的不良影响，为孩子去除成功路上的障碍，为他们营造一个健康的成长环境是每个父母的责任。

1. 为孩子营造温馨的家庭环境

家庭环境对孩子的影响甚大，因此为孩子营造一个健康的家庭环境是非常重要的。丹丹今年 10 岁，以前她的父母工作忙，一直让她寄住在乡下奶奶家。最近，为了让女儿受到更好的教育，父母决定把她接回来。为此，妈妈特别精心地为她装饰了卧室，给她买了一些玩具摆放在床头，在墙上挂满女儿从小到大的漂亮照片，在小书架上整齐地摆放了孩子最爱看的漫画书和其他书籍。

而且，妈妈还特意花了几天的时间折了许多纸鹤，把它们用细长的线串起来，作为门帘挂在她的小床边。辞别相处多年的奶奶，有些不安的丹丹看到父母为她安排的新家，心里变得踏实多了。

尤其是丹丹的父母相亲相爱，家庭气氛和睦快乐。他们尊重和爱护丹丹，在生活上关心她，在学习上帮助她，还经常带丹丹一起去郊游，和她聊天。因此，丹丹很快便适应了新的环境，把自己的学习和生活都打理得井井有条。

家庭成员之间要融洽、平等地相处；当着孩子的面夫妻不要吵架，要相互信任和关心；父母要经常在生活细节中体贴孩子，关心孩子的衣食住行，但不要事事包办。父母应该尽力为孩子的健康成长营造一个温馨的家庭环境。

2. 为孩子选择良好的社会环境

孩子总是根据周围环境来调整自己的行为。因此，为孩子选择一个良好的社会环境将对他们的成长起到良好的促进作用。

孟子是我国古代著名的思想家、教育家。他父亲早逝，由母亲倪氏独自抚育。他们住在曲阜城郊，村旁是一大片墓地。孟子常看出殡的场面，于是学会了打幡、摔盒、吹喇叭，甚至模仿死者亲属们的各种哭法。倪氏发现这种情况后，非常担心。

于是，她匆匆将家搬到了邹国的都市。新家离闹市较近，孟子又喜欢起上闹市去玩。在那儿，他学会了五花八门的叫卖声，模仿起商贩们尔虞我诈的功夫来。倪氏得知后，更加焦急，毅然决定再次搬家。

这一次，她选择了一处离学校不远的住所，孟子每天都能听到校园中传来的琅琅读书声，看到一幕幕尊师爱生的场面。于是，他开始模仿师生们的样子来，并对读书产生了浓厚的兴趣。

这个故事说明在居住环境选择上，父母应该多考虑绿化比较好、容易接近自然、社区文化活动比较多一些的小区；在学校环境的选择上，父母应多考虑学校的文化环境，不要一味重视学校的升学率和硬件设施建设等。总之，在孩子社会环境选择上，父母应首先考虑选择具备愉快的学习和生活气氛的环境。

3. 为孩子创建良好的学习环境

一个良好的学习环境有利于激发孩子的学习热情，提高孩子的学习效率。

冬冬今年上四年级，他的作业并不多，但总是写几个小时还没有完成，爸爸觉得很奇怪。一天，他去冬冬的小书房，发现孩子的小书房几乎成了玩具房。原来冬冬把所有的玩具都拿到了书房，各种各样的玩具、作业本、文具横七竖八地躺在孩子的书桌上。他写会儿作业就抱起布娃娃看一会儿，或者拿起变形金刚玩一会儿。爸爸立即要求冬冬把所有的玩具放回自己的卧室，然后把所有的书本和文具都摆放整齐。当冬冬把这一切收拾完毕后，他一脸不高兴地回到书桌前开始写作业。

爸爸耐心地开导他：如果你边写作业边玩儿，玩也玩得不开心，作业也写不好。冬冬听完后，觉得爸爸说得很有道理，便开始认真地写作业。在爸爸耐心的监督下，冬冬终于养成专心致志的学习习惯。

孩子的书桌上，不要放与学习无关的物品，避免孩子受到不必要的干扰；鼓励孩子把书桌收拾干净、整洁，把文具和书本等摆放整齐。孩子无休止地寻找乱放的课本、笔记本、尺子、钢笔等，容易引起情绪烦躁，而且也很耽误时间，进而妨碍学习。

4. 别让孩子成为父母"战争"的牺牲品

对于孩子来说，父母是他最可靠的依赖对象。因为父母在他心中是最伟大的人，如果父母之间的关系紧张，必然会转移到孩子的心灵上，从而使他感到不安和忧虑。夫妻吵架分两种：一是关系不好，感情有问题，在这种情况下，吵与不吵对孩子都有很大的影响。二是夫妻之间不知道怎样相处，不知道怎样用一种更好的方法解决他们之间的问题，就吵架。虽然孩子很明白父母之间没有感情问题，但这种不正确解决问题的方法可能被孩子学会。所以最好不吵或少吵，如果实在忍不住，吵后要给孩子道歉，说爸爸妈妈不应该吵架。

夫妻吵架对孩子是一种心灵施暴。一项针对高中生的调查结果表明，父母吵架甚至比离婚对孩子的直接伤害更大。心理学家通过研究发现，父母吵架对孩子的性格有影响，很多孩子会因此而忧郁、孤僻、自卑、偏激或者易冲动、暴躁、好斗等。此外，还易影响孩子对婚姻的观念。

其实，不仅吵架对孩子有心理影响，父母的任何举动都会对孩子产生或好或坏的影响，这就是家庭教育要求家长们言传身教的原因。有个故事很有意思：一对夫妻怕年迈的父亲吃饭时把碗摔破，就拿喂狗的塑料盆给老父用。一日老父不慎将盆打破，夫妻俩怒不可遏。此时，年幼的儿子却捡起了盆子，并说了一句差点把他们噎死的话：我把它重新粘好，留着等你们老的时候给你们俩用。

父母是孩子的第一任老师，要做好这个老师，父母们不仅要"言传"，更要"身教"。因此像吵架这种心灵施暴的"身教"方式还是早些弃而远之吧。

塑造孩子的误区

把希望都寄托在学校与老师的身上，而忽视了良好的家庭学习氛围对孩子的潜移默化的影响和教育。

要求孩子勤奋学习，而自己却从不读书看报，把业余时间全部泡在"酒场"甚至"赌场"上。

总觉得是孩子大了不听管了，孩子要么明着对抗，你说什么他就反驳你什

么，交流不起来；要么说什么都不听你的，"非暴力不合作"，我行我素，家长
什么也插不上手。

总是以为让孩子上最好的学校、吃最丰盛的食品、穿最时尚的服装、用最先
进的电脑、买最高档的用具就是满足了孩子的需求，其实，当孩子渐渐成熟的时
候，他们的精神需要也渐进成熟，他们更希望有一个好的生活环境并且渴望与父
母相处时那融融的亲情和爱！

给父母的家庭作业

家庭不只是休息的场所，也是孩子学习的主要场所之一，良好的学习是以一
个安静的、无噪声的和不受干扰的学习环境为条件的。在这方面你做得怎么样？
你是否让孩子养成了爱学习的良好习惯？是不是营造了一个爱学习、求上进的家
庭氛围？作为父母，要从自我做起，让孩子从小就融入一种爱学习的家庭氛围
中，萌发一种自发学习的需要，以至形成一种千金难买的自觉学习行动。在这一
点上，你做得怎么样？

教子箴言

家长敢于放手，鼓励孩子积极主动地决定自己生活和学习中的事情，有
利于他们养成独立精神和自立意识。而独立精神和自立意识是自动自发地学
习所必不可少的精神内核。

第三章

父母是孩子的朋友

孩子的成长和自动自发地学习，不仅需要父母精心呵护，更需要父母与其心灵上的融合，为此，父母应懂得有效沟通，尊重孩子，信任孩子，让孩子知道父母既是他们的家长，更是他们的朋友；让孩子感觉到自己和父母可以形成平等的相处关系。聪明的父母最成功之处就是让孩子在需要有人分享欢乐与忧愁时，首先想到的是自己的父母。要想达到这种效果，必须从孩子小的时候起，便放下架子成为孩子最要好的朋友。

像朋友一样与孩子沟通

中国古代的教育总是以中庸之道为标准，比如"以父为纲"、"慈母严父"、"棍棒底下出孝子"。子女与父母的关系像客人一样客气。而现代的好多父母既抱怨自己的孩子不听话，却又不敢对孩子过分严厉。我们自不会提倡古代的那种不能违背父母言行来管孩子，也不倡导宠溺孩子，由着孩子的性子。怎么办？其实父母和孩子只要相互成为朋友，做父母的多倾听孩子的声音，他们就会放下畏惧大胆地向我们敞开心扉。

实况回放

一菲的妈妈带着她去爬山，爬到山腰，一菲突然挣脱妈妈的手说："妈妈，那里有很多好看的鲜花。"妈妈说："如果你想看，你就去看吧！"一菲跑过去，蹲在一簇鲜花前，脸贴着鲜花，说了很多悄悄话。妈妈等孩子站起来后，奇怪地问她："你刚才在干什么呀？"她说："我和花姐姐在说话呀，我告诉她好多事情呢！"妈妈又问她："说了些什么呢？"她说："我告诉她，她开得好美丽，我问她愿不愿和我交朋友。"妈妈问："那你为什么蹲下去？"她说："站着说话怕她听不见。"妈妈牵着孩子的手，看着孩子的眼睛说："我也蹲下来和你说话，好不好？"这时一菲眼里闪动着兴奋的光芒，大声嚷着："噢，太好了，我和妈妈一样高了！我们是朋友了！"妈妈说："我俩到山顶看看去，来看谁先到达山顶。"一菲留下一串笑声，和妈妈一起跑向山顶。

教子妙招

这故事很明白地告诉父母，只有和孩子们拉近距离的时候。才能更好地实现心灵的沟通，这也是父母走进孩子内心世界的捷径。孩子小时候，有着丰富的想象力，可是由于语言逻辑性差，往往是滔滔不绝说了半天，却还是词不达意。但他希望父母知道他在说什么，想什么。在这时候，孩子常常是一本正经，两只眼睛瞪得圆圆的，一副煞有其事的样子。每当此时父母应该耐心地听下去，不要打断孩子说话。父母的这种态度会使孩子认为父母喜欢听他讲话，是他的朋友，他就会无拘无束地说出自己内心的所有想法。采用这种方式沟通，不但能促进孩子的思维及表达能力，还能培养孩子的自信心及开朗的性格。同时，父母也能了解孩子。假如孩子在说话时父母不耐烦或者打断他的话，说："不知你一天到晚说些什么，不要说了。"这样孩子就会觉得"父母既然不明白我，再说下去也没劲"。从此再也不会随心所欲地和父母说话，就会去寻找有共同话题的朋友去了。

今天的孩子，已不像其父母孩提时代那样孤陋寡闻。而我们一些家长，因为生活的压力和工作的忙碌紧张，缺乏与孩子沟通的时间和耐心，再加上没有良好的沟通技巧和正确的沟通方法，因而造成了孩子不愿意与家长沟通。

其实，要想与孩子得到良好的沟通，需要家长付出时间，要有耐心、爱心和细心。家长首先应学会理解孩子，坐下来倾听孩子的心声，欣赏孩子，鼓励孩子，这才是掌握和提高沟通技巧的关键。

与孩子的沟通对孩子的学习非常重要，因此，每位家长都应学会与孩子沟通，了解孩子的内心世界。下面提供几个与孩子交流的技巧和方法供家长们参考：

1. 全身心地投入孩子的教育

作为孩子的家长，应该走在孩子生理和心理发展的前面，关注孩子的一言一行，替孩子分忧解难。孩子哭了，跟着孩子一起难过，为他分忧；孩子笑了，和孩子一起放声大笑，替他高兴。这样，孩子才会十分情愿地向你倾吐自己的心声。

2. 不断学习，充实自己

家长应注重自身的修养，树立自己的威信。试想，一个不爱学习、一问三不知的人，一个只顾自己吃喝玩乐的人，怎么可能培养出学习成绩优秀的孩子呢？因此，为了孩子，家长也需要不断地学习，以提升自己的素质、水平，赢得孩子的尊重和爱戴，从而提高教子能力。

3. 多赞美，少批评

有人说："好孩子是夸出来的！"家长对孩子每时每刻的欣赏、赞美以及鼓励，都会增强孩子的自尊和自信，因为恰到好处的赞美是家长与孩子沟通的兴奋剂、润滑剂。因此，每位家长应该给孩子多一些赞美，少一些批评。

4. 不要要求孩子十全十美

世界上没有十全十美的人，家长自身也有许多缺点，因此做家长的不要苛求孩子十全十美，要学会欣赏孩子的优点，放大孩子的优点，同时也允许孩子有不完美的地方。对不完善的地方要通过引导，逐渐趋于完善。

5. 营造一种良好的学习环境

孩子学习要有一个良好的小环境，这个小环境不要求有多么高档，只要环境舒适、安静优雅就可以了。因此，希望家长在孩子学习时，尽量不要闲谈，少在家中接待客人。另外，和睦、稳定的家庭气氛对孩子的学习也很重要，为了孩子的将来，家长应努力创造这样的家庭气氛！

6. 放下架子，改掉陋习

由于父亲和母亲本身就来自于不同的家庭，所接受的教育不一致，他们所秉持的教育态度与教育方法也不尽相同，因此，夫妻双方在相互沟通或与孩子沟通时，一定要注意放下"架子"，做到"合情合理"，这样，孩子才愿意与家长沟通。

7. 与孩子沟通应采用恰当的方法

孩子不一定很顺当地接受家长的建议或方法。家长仅有一副热心肠不行，还要善于选择一种行之有效的方式，使正常的交流在亲子间畅通无阻。

沟通是父母子女双方平等交流的基础上彼此都吸收对方部分观点，最终达成共识。父母不要以为已经跟孩子说过就算是跟孩子沟通了。

塑造孩子的误区

与孩子沟通时的态度和语气因自己情绪的不同而变化：心情好时与孩子讲话就较温和；情绪差时，就因一些小事责备、训斥孩子。

与孩子只谈学习，只关心孩子的学习成绩，以命令的口吻说话或把自己的意见强加于孩子，以唯我独尊的家长自居。

自叹无法与孩子沟通交流，只顾忙自己的工作或沉湎于麻将等娱乐活动。

总是固执地依据自己的想法做事情，较少考虑孩子的内心需求。

总是拿别人家孩子的优点对照自己的孩子，看别人家的孩子都是优点，看自己家的孩子浑身都是缺点。

给父母的家庭作业

许多时候，孩子不喜欢把自己的心事告诉你，不愿意与你沟通，你有没有反思过这是为什么呢？是不是因为你与孩子沟通的方法不正确？你该怎么与孩子沟通呢？

　　只有走进孩子的内心世界，倾听孩子的心声，了解孩子的内心感受，才能拉近与孩子之间的距离，成为孩子真正的良师益友。

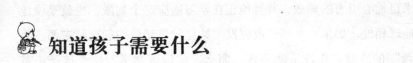 知道孩子需要什么

孩子像个谜，深深地吸引着父母，同时也困惑着父母。他每一天都发生着变化，每一刻都在寻求刺激，每件事都令他感到好奇，任何例行事务都可能变成他的探究活动。他似乎有使不完的劲，似乎总有出人意料的举动。其实，在很多情况下，孩子需要的只是一个忠实的"听众"，所以，很多时候在孩子面前，做父母的最好"沉默是金"，千万不要让孩子成为"语言垃圾"的承载者。

实况回放

父母一心希望孩子长大后能考上名牌大学，因而不惜一切代价对孩子精心培育，创造一切条件让孩子好好学习。可学习成绩总是不理想，孩子常感到压力很大，成天心事重重，惶恐不安，担心自己考不好，对不起父母，他多么希望父母能够理解自己，听听自己的心声呀！可父母没有给他机会，只是一味地给他提供舒适的学习环境，这样反而更加重了他的思想负担，以致后来拿起书本就头痛，听到考试就想哭，还不停地问父母："我的成绩不好该怎么办呢？这要紧吗？"父母为此也非常难过。

教子妙招

显然，语言不是孩子表达需要的主要手段，他们更多的是用行动，他们缺少语言这个人类主要的沟通手段，但好在孩子有着强烈的表达和实现内在需要的本能。他们从生命的第一刻起，就有能力用行动来表达自己。孩子竭尽所能地提供给成人与之沟通的信息。只要我们愿意，我们并不缺少理解孩子需要的机会。我们的困难在于，我们常常容易武断地认为孩子的行为是无意义的、无价值的。

所以，对父母而言，首先要学会破译孩子的行为。如果一个孩子老爱在洗手间里玩水，把衣服玩得透湿，还感到其乐无穷；如果一个孩子宁可冒着被父母训斥的危险，乘人不备"冲"到雨中享受雨的感觉；如果一个孩子总爱钻到沙堆

里去玩，那么父母该知道，这个孩子正需要大量的皮肤的触觉学习。如果一个孩子老是在床上、沙发上跳个不停，并从中得到享受和快乐，那么父母该知道，这个孩子正需要来自地心引力的刺激，并且他正在学习适应这个刺激，也就是说他正需要学习和地球相处。如果一个孩子没完没了地让父母和他一起玩藏东西、找东西这种"单调"的游戏，并且乐此不疲，那么，父母该知道，这个孩子正需要确定起一个重要的"信念"——不在眼前的事物依然存在。而这是孩子日后语言发展的前提之一。

仅仅理解孩子行为背后的需要还不够，我们还得理解这些需要对孩子成长的价值。唯其如此，我们才能打心眼里尊重孩子的需要，真正实现以孩子为中心的教育，才会乐意尽力去创造、满足其发展所需的环境。我们不仅要具备育儿的知识和技巧，更要有高度的领悟和体验能力，并能随时放下自己的思维框架，站到孩子的立场去看世界。我们不仅要懂得该做什么，还要创造性地去达成这一切。

在学习上，很多父母都希望自己的孩子考上名牌大学，可让每个孩子都考上名牌大学显然不现实。因为每个孩子的学习基础不同，智力各异，能力特点不尽相同，"坚车能载重，渡河不如舟"。因此，每位父母一定要充分了解自己的孩子，根据孩子能力特点，帮助孩子树立切实可行的适合自己的志向。不要主观地设定单一的目标，否则，孩子不但不能达到，还会累及身心。

孩子从出生之日起就融入充满爱的家庭氛围之中，父母是孩子最亲密最值得信赖的人。因此，父母在一定程度上是了解自己的孩子，并能说出他的一些特点的。但是父母的看法并不一定是准确和全面的，也不一定能够考虑到孩子各方面的特点；或是因为经常和孩子待在一起，对孩子的一些行为表现会熟视无睹或视而不见；或是忙于事业发展，为生活琐事所累，很少能抽出时间专门去观察、研究自己的孩子。父母该如何去了解自己的孩子呢？

1. 告诉孩子你是多么爱他

你可以为孩子做的最容易但是又最重要的事情，就是让他知道你是多么爱他、在乎他，他快乐的时候你是多么幸福、他危险的时候你有多么担忧。研究表明，经常获得父母的爱的表示，可以使孩子在经历失望、沮丧和其他不愉快的时候仍然积极地面对生活，并且寻找办法来处理和脱离暂时的困境。

但是令人惊奇的是，许多孩子根本不知道他们的爸爸妈妈有多么爱他、在乎他，而这恰恰是因为他们的父母没有向他们传达这种信息。的确，对于传统的中国家长来说，让他说出类似于"你是我生命中最重要的"这样的话有些困难，但是，它对于孩子来说是非常重要的。尝试一下吧：每天早上醒来和晚上临睡前要让孩子知道你爱他，并且把这当件重要的事来做；让孩子看到你和爱人的恩爱；有孩子参与活动时千万不要偷懒，这会让他觉得他在你心里并不重要。

2. 用心去观察孩子

用一颗细腻的心去观察孩子，这是了解孩子的第一步。随着孩子的成长，他们与父母的想法逐渐出现了差别，有了隔阂，因此，父母应时刻注意一步一步地去试探孩子，时刻关注孩子的内心活动。

3. 倾听孩子的心声

"沉默是金"，在与孩子沟通时，"听"比"说"更重要。许多父母抱怨："孩子那么小就心事重重的，不知是为什么？""我怎么也搞不懂孩子脑子里在想什么！"其实，每个人都没有看透别人心思的本领，那么，好好听人说话就是了解他的最好方法了。只有了解孩子，才能有效地教育孩子、引导孩子、帮助孩子。

4. 了解孩子的个性并牢记在心

成为好父母的精髓在于，真正了解你孩子的个性，并以此来调整你教育他们的方法。没有两个孩子是完全相同的，所以用心去了解你家宝贝的个性，用最适合他的方式来对待他，那样将会把困难和矛盾减到最小。

举个简单的例子：如果你的孩子是那种容易兴奋的类型，那么你就应该避免在晚上和他做激烈运动，否则将会使他很难入睡；相反，你们可以做一些相对平静的活动，来帮助他培养睡意。也许，你的孩子在转换状态和情绪的时候有些困难，那么在离开游戏场之前，你做好提前的暗示，这样在付诸行动的时候，它可能会好受一些。所谓"因材施教"，会给你减少很多麻烦。为此，父母一定要注意下面三点：

第一，如果你的女儿看上去像个假小子或者你的儿子喜欢玩儿洋娃娃的话，你不必小题大做；

第二，了解孩子用以炫耀的事情和原因，由此可以发现哪些是他认为最有价值的；

第三，不用过度考虑孩子在每个年龄段应该是怎样的。

5. 了解孩子的特长

了解孩子喜欢干什么，擅长做什么，并且让孩子知道自己最适合干什么，这对于为孩子树立切合实际的志向很有帮助。

6. 了解孩子想要什么，想做什么

了解孩子想要什么，想干什么，知道什么东西是孩子最需要的，对孩子有一个充分的认识，才能帮助孩子树立正确的志向。

如果父母对孩子有了足够的了解，就能够在关键时候帮助孩子做出重大的抉择，帮助孩子决定他未来要走的路。

人生无论有多少条歧途，总有一条是通向梦想的阳光大道。当孩子在学习的道路上遇到十字路口而徘徊时，首先要让他对自己有一个充分的了解，然后再引导孩子选择最适合他自身的道路。

塑造孩子的误区

替孩子做出学习道路上不切实际的重大抉择。

不了解孩子的实际能力，给孩子定的目标过低或过高。

不了解孩子，对孩子不合你心意的抉择加以斥责。

给父母的家庭作业

当孩子苦恼地对你说"我该怎么办呢，怎么总是让你们失望呢"这类话的时候，你是否想过你是不是对孩子的期望太高了，而孩子的能力达不到呢？你仔细观察过你的孩子吗？知道他有多大能力吗？

教子箴言

现在的父母，总叮嘱孩子要学好，考好，深知考试成绩的好坏是需要孩子来考的，而对孩子的需要什么、孩子的个性对学习成绩产生怎样的作用却知之甚少。更很少有父母积极地引导孩子自觉主动地去学习，这都是十分错误的。

别忘了和老师沟通

对孩子来说，学校和家庭是两个不同的生活环境。有些孩子在家里和学校里表现得判若两人，这不仅和环境有关，也和教育的态度和方法存在着必然的联系。遇到这种情况，父母一定要经常和老师沟通，及时发现孩子身上的问题，并调整自己和家人的教育态度，使得孩子在学校好的表现也能够在家里得到延伸。

实况回放

孩子对你说："老师请你明天去学校一趟，你可一定要去哟！"你感到十分恐惧，上次去学校，老师就说了孩子好多问题，天哪，那根本不是约见，而是去接受批评。于是你对孩子说："孩子，你是不是又在学校惹祸了，为什么老师又要叫我去？"你的孩子很难过，眼泪汪汪地望着你说："难道只有在学校里惹祸老师才请家长吗？老师说每个家长都要约见，这能说明每个同学都在学校里惹祸了吗？"

教子妙招

这种现象在生活中我们经常遇到，有很多家长都害怕见老师，原因是每次见面后，老师都会说孩子一堆问题，并向家长"告状"。于是家长就会认为：原来孩子在学校有这么多的问题。也有的家长认为老师没有约见家长就意味着孩子在学校里表现很好，没有什么问题。其实并不是这样的，每一个孩子都会有不同的问题，尤其当你的孩子是一个"问题"学生或有困难需要帮助的学生时，作为家长，更应该积极与老师沟通，老师喜欢与关心孩子的家长合作。

此外，一些父母在实际生活中也懂得和老师多交流，但只是泛泛而谈，如问老师"我的儿子今天乖不乖？""有没有进步？"等类似的问题。老师提倡以正面教育为主，一般像这种问题，他大多会选择"报喜不报忧"。结果导致话题还没有充分地展开，就已经草草结束了。

因此，父母要想了解真实的孩子，不仅要经常和老师沟通，还要找到沟通的好方法。家长和老师是教育孩子的主体，二者之间的沟通是非常重要的，有些孩子在学校里的表现和在家里完全不同，通过与老师的沟通，可以了解孩子在学校的真面目，从而对自己的孩子有一个全面的了解。

每位家长都应抓住与老师沟通的好机会，以便了解孩子在学校的学习情况。可是该怎样与老师保持沟通呢？这也是一个令许多家长头痛的问题，下面我们就介绍几种与老师沟通的方式。

1. 主动约见老师

一个班里有几十个学生，老师既要备课、批改作业，还要进行家访或其他一些教育活动，工作很忙，时间安排很紧。因此，家长不要冒失地去见老师，那样会给老师带来不便，应主动约见老师，与老师保持联系，及时了解孩子的学习情况。

2. 准备一个亲子联络簿

家长和老师都很忙，为了节约时间，可与老师取得联系，为孩子准备一个亲子联络簿，作为与老师沟通的桥梁。家长和老师之间可以采用下面的办法，让亲子联络簿发挥作用：

每周五，老师将孩子一周的学习情况写在联络簿上，发给孩子，让孩子带回家，家长阅读后，再把孩子在家的表现写在上面，下周二前让孩子交给老师，这可是保持家长和老师沟通畅通的好方法喔！

3. 经常给老师打个电话或发条信息

现在信息交流途径很多，家长可经常给老师打个电话，或发条信息，或发个邮件等，以便及时了解孩子在学校的情况，特别要了解孩子的学习态度。需要提醒的是，打电话时一定要注意选择好时间，最好避开老师休息或吃饭的时间。

4. 与老师保持亲密的朋友关系

在和老师沟通时，家长应与老师保持一种愉快而积极的朋友关系，针对孩子所存在的问题，与老师共同寻求解决问题的方法。另外，你应想到班级中还有许多其他孩子，要理解老师工作的繁杂，不要占用太长的时间。如果认为老师做得很好，应将自己的看法告诉他，夸奖他的付出；如果孩子有进步，应真诚地向老师表示感谢。

既然我们已经知道该如何与老师沟通了，那沟通之后该做些什么呢？——这项工作更重要，因为如果和老师沟通后不采取任何措施，那么沟通仍然无效。

因此，家长与老师见面后，应针对孩子的问题，制订出帮助孩子的家庭计划，并征求老师和孩子的建议和意见，尽量帮助孩子按计划行事，与学校的教育保持一致。

1. 和老师的沟通一定要具体

如果妈妈要想真正了解孩子在学校的表现，就不能和老师泛泛而谈，而是要多问一些细节，像学习、饮食、娱乐、休息、与小朋友间相处的情况等都是和老师沟通的话题。然后，父母可以在这些细节中，慢慢发现孩子的兴趣爱好，以及他身上的问题，针对这些问题，父母才能进一步和老师讨论相关的教育方法。

2. 采用多种方式和老师保持联系

父母可以利用接送孩子的时间，主动和老师交流。如果妈妈平时很忙，接送孩子的事情是由保姆或者老人代劳的，父母则可以找一个专门的时间和老师交流，多了解孩子的情况。此外，短信、电话、网络等这些现代化的通信工具，也是沟通的好方法，父母也可以采用这些方式和老师保持频繁的交流。

3. 和老师建立互相信任的关系

有些父母喜欢在学校领导面前或者其他父母面前谈论孩子的问题，这种方法不可取。因为如果建议和批评通过其他渠道传达到了老师耳朵里，很容易造成老师对父母的不信任感，最后导致老师"报喜不报忧"。

其实，当父母的意见和老师的意见不一致或出现其他问题时，最好的解决方法是直接沟通，父母应该主动向老师提出自己的观点和提供合理的解决办法。当然，如果老师的品德或者教育方法存在严重的问题时，父母可以考虑向领导反映。

4. 向老师请教教育方法

父母和老师沟通的目的不在于发现孩子的问题，而是在发现问题后，找到解决问题的方法。有时老师更能把握住孩子的心理特点，也能够更客观地看待孩子的优点和缺点。因此，在这些方面，父母要多向老师"取经"，向他了解这个年龄段孩子的特点，并请教适宜的教育方法。

5. 客观、坦诚地看待老师对孩子的评价

有些父母听到老师夸奖孩子，就盲目地认为孩子"一好百好"，当听到孩子哪方面能力欠缺或者发展得慢时，又很着急，这种过度紧张的情绪只会给自己和孩子造成很大的心理压力。其实，孩子在发展阶段变数很大，所表现出来的优势和劣势也并不能代表以后会怎么样。只要父母对孩子抱有信心，从正面引导他，孩子自然会朝一个好的方向发展。

塑造孩子的误区

害怕见老师，讨厌老师说孩子的缺点或存在的问题。

与老师见面后，只听老师说，不主动询问自己关心的问题。

与老师沟通时不够理智，甚至对老师发火，将孩子学习成绩差的原因归罪于老师。

从不主动约老师见面，只等着老师约自己。

不站在老师的角度教育孩子，而是和孩子一起抵触老师。

给父母的家庭作业

与老师沟通是了解孩子在校情况的最重要途径。在与老师交流沟通的过程中，应采取积极态度，不仅要了解孩子的学习情况，更要了解孩子在学校的思想、言行和人际关系等。你在这方面做得怎么样？你是如何与孩子的老师沟通的？

✎ **教子箴言**

如果单凭学习的兴趣和热情，而没有正确的沟通方法，孩子自动自发地学习是难以持之以恒的。因为如果不注意和老师沟通，学习的效果就会受影响，孩子就会对自动自发地学习失去积极性。所以，自动自发地学习离不开老师这根坚强的支柱。

了解孩子的学习状况

孩子在学校的学习与生活是家长们关心的头等大事。一些家长经常很困惑，怎样才能比较全面地了解到孩子在学校的表现呢？还有的家长们反映，平时很难通过有效的途径了解孩子们在学校的成长情况。

事实上，全面、真实地了解孩子们在学校的学习情况是有方法的。老师与孩子是家长了解学校学习情况的最主要渠道之一，家长完全可以通过合适的方法来全面、实时地了解孩子的学习与生活情况。

实况回放

你的孩子很聪明，动手能力很强，平时在家喜欢制作些小东西，编些小玩意儿，这些东西一学就会，而且制作得都很漂亮，可就是学习成绩上不去。老师说他上课精力不集中，根本不把心思放在学习上。他也知道自己学习差的原因是上课不注意听讲，作业应付，下课不主动复习学过的知识。你也给他讲了许多学习方法，想让他用心学习，提高学习成绩，可都无济于事。

教子妙招

这种现象在许多孩子身上都存在，因此，家长不要发愁，不妨先找原因，然后再对症下药。孩子之所以出现这种情况，原因很多，除了学习态度不太端正外，多是因为没有掌握一套好的学习方法，不会学习。现在他急需的是好的学习方法。那么什么是好的学习方法呢？——适合自己的方法就是最好的方法！因此，建议家长在不了解孩子当前的学习状况的情况下，先不要对孩子指手画脚，而是应该帮助孩子寻找适合他本人的学习方法，这样，孩子学起来才感到轻松，并且效率也高。

首先要做到"四看"。

一看桌子，如果孩子的桌子上有很多乱七八糟的图案，有的喜欢刻字、画图，还有的在上面列竖式等。一方面说明上课孩子不专心，而且从刻的内容还可以进一步看出孩子有没有受不良思想的影响；另一方面说明孩子没有做好课前准备。这也是有些孩子看似聪明，但成绩总不好的原因。

二看椅子，细心的家长会发现，有些孩子的椅子好像快散架了坐不稳当，其实这表明孩子在上课时常常是坐姿不好，要么喜欢扭来扭去，要么和周围同学说话，这也从一个侧面看出孩子上课是不是喜欢在下面私下讲话。通常喜欢讲话的孩子椅子总有一种坐不稳的感觉。

三看学生的桌洞。帮孩子整理一下，有些孩子会把考不好的考卷放在学校里，免得被家长发现，家长应该要抓住这个机会好好地看一看学生书桌里的抽屉，有时会发现好多小秘密的。

四看学生的成绩。通常在班主任的手里都有孩子各个科目的成绩，此时，应向班主任请教，让他（她）对你的孩子提些意见，如果发现孩子偏科的现象，应及时向任课老师了解情况。

其次，要向老师提"四问"。

一问，孩子的出勤，看看孩子是否有迟到、早退的现象，如果发现，应及时向自己的孩子询问情况。

二问，孩子的成绩。有些孩子因为考不好，常常会蒙家长说学校没考试，其实这是学生的"缓兵之计"，能拖就拖嘛，这一点小孩子绝不比大人差。

三问，孩子平时的作业情况。作业好不好，老师们心里都有数。家长不一定都会去检查学生平时的作业。因此借这个机会了解一下，也是很好的。老师是"业内人业"，比我们好多了。

四问，孩子平时的表现。和同学相处怎么样，如果发现了孩子比较胆小怕事，不敢和别人交往，这个时候我们家长就要有计划地帮助他们，这个社会胆小怕事的人是不会有好的发展的。

家长，一家之长，是很不容易的，所以要让我们更好地安心工作，不为孩子烦忧，多关注才是最关键的。很多家长不喜欢和老师打交道，这个是最不好的，孩子有很多问题不是我们提供吃喝等一些就能了事的，孩子的将来是把握在我们家长手中的。

不要一味地把学校当托儿所，孩子是会长大的，他们其实并不希望永远像小孩子一样被对待，也和我们成年人一样需要关怀和帮助。

那么，如何才能帮助孩子找到一套适合自己的学习方法呢？下面几种方法对家长会有所帮助。

1. 帮助孩子认识自己

家长应该细心观察孩子的学习状态，做些笔记，看自己的孩子适合什么样的学习方法，并把自己的看法随时和孩子沟通。这样，能帮孩子更好地认识自己，从而选择最适合自己的学习方法。

2. 帮助孩子分析各种学习方法的利弊

孩子对自己的认识往往不够全面，在学习方法的选择上，非常需要家长的帮助。因此，家长应心平气和地提出自己的意见，允许孩子自己去尝试。当事实证明孩子正确的时候，要真心地为孩子祝贺。当事实证明你正确的时候，也不要批评孩子，并告诉孩子是共同努力的结果。

3. 给孩子讲一些有关快速学习的方法

俗话说："磨刀不误砍柴工。"作为家长，应经常抽出一些时间，针对孩子当前所学的内容，给孩子介绍一些快速学习的方法，孩子一旦掌握了适合自己特点的学习方法，学习起来就会轻松、愉快，效率也将大大提高，学习成绩自然而然就提高了。

4. 引导孩子尝试新的学习方法

当孩子的学习出现问题时，父母可以向孩子推荐新的学习方法，并详细讲明方法的内容。在孩子尝试的过程中，家长最好与他多交流，以便及时发现问题，并且提出自己的意见供孩子参考。

5. 陪孩子一起寻找更好的学习方法

家长应该明白，一种好的学习方法不一定适合所有的学习内容，因此，当原有的学习方法不适应新的学习内容时，家长可陪孩子一起探索，共同寻找更好的学习方法。

6. 帮助孩子认识学习方法上的问题

当孩子的学习成绩出现下滑时，应和孩子共同讨论，看看在学习方法上是否存在可以改进的地方，并探讨如何改进效果更好。这样能帮助孩子摆脱成绩下滑带来的心理阴影，重新建立起自信。

塑造孩子的一生：
让孩子自动自发地学习

塑造孩子的误区

对孩子的实际情况不了解，强迫孩子按照自己的意愿改变学习方法。

孩子在尝试新的学习方法时失败了，就对他严加批评，甚至加以训斥。

认为跟孩子谈论学习方法会耽误孩子的学习时间，对学习毫无用处。

只会空洞地对孩子说要有学习方法，而自己不给予细致具体的指导。

给父母的家庭作业

适合自己的学习方法，是需要通过探索才能找到的，应给孩子探索的机会。在孩子运用新的方法学习时，应允许孩子尝试，允许孩子失败，允许孩子从跌倒的地方爬起来。你做到这点了吗？你是怎样帮助孩子寻找适合自己的学习方法的？

教子箴言

要让孩子永葆学习的热忱，除了先让孩子真心喜欢上学习之外，还有一个很重要的方面，就是学习状况。掌握了孩子的学习状况，才能有效地处理学习挫折、不良成绩、负面评价以及学习压力。

帮助孩子摆脱烦恼与困惑

面对成长，每个孩子都会遇到烦恼，这就要求我们家长必须给予足够的重视，不能只以孩子还小，什么也不懂来应付。如果你这样无足轻重地来应对孩子，自然就无法走进孩子的心。当孩子感受不到你的关心，感觉不到你给他的爱和快乐时，就会慢慢对你失去关注的兴趣，有心里话也不会和你倾诉，有困难也会埋在心底，时间一长，则无形中让亲子关系形成了一道难以逾越的障碍，给孩子自动自发的学习生活带来隐忧。

实况回放

一天，你的孩子在学校遇到这样一件事：那天，班里进行数学测验，最后一道题他怎么也做不出来。同桌交了卷子后回来催他："快交卷吧！再不交老师可要走了。"正说着，下课铃声响了，同桌幸灾乐祸地说："你要得零蛋了！"就在那时，他突然想起那道题该怎么做了，匆忙写完后才交上了卷子。同桌却在一边讥讽地说："没想到你还真的做出来了！"孩子本以为同学之间的友谊是纯洁的，可没想到会变成这样。孩子为此很苦恼，回到家中闷闷不乐，连功课都不想做。

教子妙招

有些孩子学习效率差，成绩提高慢，原因是什么呢？是哪些因素影响了他们的学习？其实，影响孩子学习的因素很多，比如没有明确的学习动机、没有坚强的意志、对学习没有浓厚的兴趣、没有掌握正确的学习方法等。但是，在所有这些因素中，不良情绪和烦恼所带来的影响绝对是自动自发学习的大敌。

一个人的智力是否能够得到完美的发挥，能不能很好地控制自己的情绪是一个重要的因素。情绪可以影响一个人的思维能力、观察力、记忆能力等。曾经有心理学家和教育学家对情绪与学习的关系做了大量的研究，研究得出：良好的情绪可以大大地激发学习兴趣，调动学生的积极性，也可以使人精力集中、思路清晰、记忆力增强等，这些都是对学习非常有利的；相反，悲观的情绪可以抑制学习热情，使人注意力分散、记忆力下降等。这样，学习的效率就会大大降低，甚至还可能产生自我催眠的作用，大脑在最需要开动的时候却关闭了。孩子被烦恼缠身，什么事都做不下去，更别说学习了。

因此，在学习中，父母应该及时发现影响孩子学习的因素，有针对地进行调整。发挥孩子学习中的有利长处，克服不利于学习的因素。只有这样，才能够提高学习效率，让孩子的成绩有一个大的提高。那么，怎样才能够从根本上将孩子的不良学习情绪转化为学习动力呢？

第一，在实际生活中，孩子由于心智成熟的原因，常常表现出心胸狭窄、斤斤计较而心情不愉快。比如，当他受到老师或父母的表扬时，就会高兴得眉飞色舞；相反，当受到批评时，就会愁眉苦脸、闷闷不乐等。这些都属于人之常情，无法避免。所以，越是这个时候，父母越应该告诉孩子：现在处于学习阶段，就应该心境豁达一些，否则，就不可能有愉快的心情去进行读书学习。

第二，一个人疲劳时，往往会脾气暴躁，这样也就不可能拥有愉快的心情了。因此，要教育孩子在学习中，一定要注意劳逸结合，掌握好学习、生活的节奏，要注意饮食睡眠和身体健康，避免因饥饿、困乏和身体不适等产生的刺激分散学习的注意力。

第三，要保持学习环境安静，避免因其他事物的干扰使学习偏离中心问题。

第四，告诉孩子，人人都会有自己的烦恼，将烦恼说出来，寻找解决的办法是摆脱烦恼的最好途径。另外，还要让孩子这样做：当遇到不开心的事时，不要自己闷在心里。可以选择一个比较轻松的场合，比如，和爸爸妈妈一起看电视或进餐时，说出自己的烦恼，这样不但可以缓解自己倾诉的尴尬和紧张，还可以在得到爸爸妈妈的抚慰和引导之后，让坏情绪离开自己。

不可否认，孩子成长总是会伴随着烦恼的。现在很多孩子"饭来张口，衣来伸手"，可以说是最幸福的一代，因为他们大多在物质上能够得到极大的满足，但在其他方面却生出了许许多多、各种各样的烦恼。用他们自己的话说，这些烦恼从"上小学就开始，一天天增多"，有的孩子甚至感觉被烦恼压得喘不过气来。

　　孩子的烦恼，一般是自己日常学习、生活及成长进程中所遇到的不好处理的、不知如何解决的问题。我们家长所能做的是不要让那些烦恼成为孩子学习的障碍，甚至影响他们身心的健康发展。

　　在孩子烦恼的时候，最需要的是有人理解他们的内心感受，因此父母要学会倾听孩子的心声，当孩子向你倾吐心声时，一定要有耐心，沉得住气，如此，你的孩子就会把他心烦的事一股脑儿地都说出来。这也为你帮助孩子将烦恼之事进行仔细分析以及找出解决问题的办法提供了有利条件。由此可见，帮助孩子解脱烦恼的关键就是家长要做一个善意的聆听者，耐心倾听孩子的烦恼，并且还要讲究一些技巧和方法。

　　1. 采用直截了当的方式让孩子向你倾吐心声

　　当发现孩子有不开心的事时，应选择一个比较轻松的场合，比如：在和孩子一起看电视或进餐时，引导孩子说出自己的烦恼。在与孩子交谈时要态度真诚、平等交流，认真倾听孩子的每句话，交谈时语调要自然、语气应缓和，这样可把握孩子的所思所想。

　　2. 掌握与孩子交谈的适当时机

　　有时家长想了解孩子的烦恼，可孩子不愿意对你讲。当遇到这种情况时，家长应该学会掌握交谈的适当时机。比如你的孩子喜欢在睡觉前和你谈自己的心事，这时，家长就应表现出精力充沛的样子，利用这一时机躺在孩子的床边与他沟通。当孩子向你倾吐心声时，你一定要有耐心、沉得住气，这样孩子就会把他心烦的事一股脑儿地都说出来。

　　倾听孩子的诉说后，你不妨把孩子的烦恼之事进行仔细分析，帮助孩子找出解决问题的办法。孩子的烦心事解决了，当然心中的烦恼也就被抛到九霄云外了。

　　塑造孩子的误区

　　孩子不愿意向你倾吐时，你总是对他问个没完没了。

　　孩子还没有把事情讲完，你就急着说出解决问题的办法。

　　对孩子怒气冲冲，逼孩子说出自己的烦恼。

　　常对孩子说："有吃有喝的，成天还愁眉苦脸的，真是没出息，快去学习吧！"

给父母的家庭作业

孩子最讨厌的就是父母的教训，他们需要的是有人倾听他们的诉说，有人理解他们的内心感受，因此，要想了解自己的孩子，父母应先学会倾听孩子的心声，那么你是怎么做的呢？

教子箴言

良好的学习习惯，能够促使孩子自动自发，而不好的学习习惯则会阻碍孩子自动自发地学习的积极性。孩子在学习的过程中，遭遇烦恼与困惑是司空见惯的事情，家长要引导孩子正确地认识烦恼，战胜困惑，将烦恼与困惑转化为孩子自动自发学习的推动力。

第四章

赞赏鼓励：

给孩子学习的动力

非志无以成学，非学无以成才。要想使孩子学习好，一方面在于引导和必要的督促，把孩子的学习积极性充分调动起来，使他们成为乐学、肯学的好孩子。另一方面，赞赏和激励是促使孩子进步的最有效的方法之一。每个孩子都有希望受到家长和老师的重视的心理，而赞赏其优点和成绩，正好满足了孩子的这种心理，使他们的心中产生一种荣誉感和骄傲感。孩子在受到赞赏和激励之后，会在学习上更加努力，会把自动自发做得更好。

让孩子满怀激情地学习

人就应该有一股子精神, 凭着一股向上的力量, 去努力做自己应该做的事。孩子的学习也是如此, 只有满怀激情, 才会自动自发地学习, 学习的积极性才会高涨。

场景假设儿子聪明、活泼、可爱, 就是爱贪玩。每天一放学就出去玩, 从来不积极主动地学习, 就连老师留的家庭作业都等着父母督促几次才去完成, 学习成绩可想而知。假如你问他: "儿子, 你为谁学习?"他会毫不犹豫地回答: "当然是为爸爸妈妈了。这还用问吗? 要不是你们逼我, 打死我都不愿意学!"

听了孩子的话, 你也可能为此很发愁吧! 原因是什么呢? 当父母的考虑过吗? 先在自己身上找找原因吧!

实况回放

儿子上小学了, 作为母亲, 哪个不希望听到来自学校的好消息。然而, 每次家长会, 都令这位母亲失望, 因为人家都有一个聪明乖巧的孩子, 而她的孩子却是一个"愚顽不化"的人。

第一次参加家长会, 老师说: "你的儿子有多动症, 在板凳上连三分钟都坐不住, 你最好带他到医院看一看。"回家的路上, 儿子问她, 老师都说了些什么。她鼻子一酸, 差点流下泪来。因为全班30位小朋友唯有他表现最差; 唯有对他, 老师表现出不屑。然而, 她还是告诉儿子: "老师表扬了你, 她说宝宝很棒, 原来在板凳上坐不了一分钟, 现在能坐三分钟了。别的家长都非常羡慕妈妈, 因为全班只有宝宝进步了。"那天晚上, 她儿子破天荒地吃了两碗米饭, 并且没让人喂。

又一次家长会上, 老师说: "全班50名同学, 这次数学考试你儿子排在第49名。我怀疑他智力上有些障碍, 你最好能带他去医院查一查。"回家的路上,她流下了泪。然而，当回到家里，看到诚惶诚恐的儿子，她又振作起精神，对坐在桌前的儿子说："老师对你充满信心。他说了，你并不是个笨孩子，你很棒，只要能细心些，准会超过你的同桌。这次你的同桌排在第21名。"说这话时，她发现，儿子黯淡的眼神一下子充满了喜悦的光芒，沮丧的脸也一下子舒展开来。第二天上学，儿子去得比平时都要早。

孩子上了初中，又一次开家长会，老师告诉母亲："按你儿子现在的成绩，考重点中学希望不大。"她怀着忧虑的心情走出校门，此时她发现儿子在等她，便告诉儿子："班主任说你根棒，只要你努力，很有希望考上重点高中。"

高中毕业了，当儿子把一份清华大学的录取通知书交到母亲手里时，边哭边说："妈妈，我一直都知道，我不是一个聪明的孩子，是您……"这时，她悲喜交加，再也按捺不住十几年来凝聚在心中的泪水，任泪水滴落在手中那份录取通知书上。

教子妙招

这个故事读来让人潸然泪下，我们不禁为这位母亲的行为感动，是她一次次满怀激情的夸奖成就了孩子的美好未来。

这是一位卓越的母亲，她用她那超然的心境和博大宽宏的胸怀，为孩子撑起了美好的天空，更为天下的父母做出了激励孩子的榜样。激励就像用《灰姑娘》里的仙棒点在孩子身上一样，会使孩子从头到脚焕然一新。

苏联心理学家曾做过这样一个实验：在一个班级中挑出一个最笨最丑的姑娘，要求全班同学改变对她以往的看法，并以假当真地从心里认定她就是班级中最聪明、最漂亮的姑娘，争先恐后地夸赞她，目的是让自卑的她建立自信心。一年后，这个姑娘的成绩居然跃居班级第一，并奇迹般变得妩媚婀娜、楚楚动人。赞扬以惊人的力量发掘了她潜在的智力，展示了她内心深处蕴藏的美。

好孩子是夸出来的。为人父母轻描淡写的一句夸奖话，看似简单的一个爱抚动作，富有深情的一个眼神，不露痕迹的一个暗示……都会给孩子留下刻骨铭心的记忆，促使孩子从一个进步走向另一个进步。

世上没有不好的孩子。教育学和心理学研究表明，人类潜能的开发充其量不足10%，每个孩子的生命都存在无限的可能性。所以，哪怕天下所有的人都看不起你的孩子，做父母的也要眼含热泪地拥抱他，亲吻他，为自己创造的生命喝彩！

精神的力量是无穷的，不论做什么事，人总是要有点精神的，这种精神就是不服输的向上的力量，它会帮助你完成任何自己想做的事情。不论做什么事情，只要下决心，有毅力，持之以恒地坚持下去，离成功就不远了。我们可以从下面的故事看到精神的力量。

商代的殷纣王荒淫无道，周武王在姜太公的辅佐下，兴兵讨伐。出师之前请国师占卜，没想到占卜的结果是凶多吉少，再占更凶。大家十分害怕，想打退堂鼓，这时姜太公挺身而出，把占卜用的龟甲踩得破碎不堪，大声说："枯骨死草怎么能预知国家的正义事业呢？"这在当时可是大逆不道的做法啊！

谁知刚出国门，大风骤起，把军旗的旗杆都吹断了，这可是大凶的预兆啊。周武王却说："这叫'天落兵'，上天降兵（旗）来帮助我周武王，大吉，大吉！"

部队继续前进，没想到天又下起了暴雨。这时，军心有些动摇，周武王为了稳定军心，对大家说："这叫'天洗兵'，是上天恩宠，赐予霖露。"军队历尽艰险，好不容易到达了指定地点，周武王本想占个好卦稳定军心，没想到烧烤龟甲的"神火"都被风吹灭了。军内一片混乱，周武王见此情形，大声宣告："火灭表示商朝必灭，大家快拿好武器，准备战斗！"

就这样，周武王靠着对士兵斗志的激励、动力的激发，克服了种种不利于周军的因素，终于讨灭商朝，建立周朝。

从上面的故事中，我们可得知：如果家长能激发孩子满怀激情地去学习，他一定会自觉主动地学习，成绩当然会很好。可怎样才能使孩子满怀激情地去学习呢？

1. 用孩子感兴趣的语言激励孩子学习

要想使孩子满怀激情地投入到学习生活中，家长应用孩子感兴趣的语言去激励孩子。比如多对孩子说些鼓励、表扬的话，并用上孩子感兴趣的故事、电视或电影等中的话语。

2. 给孩子讲一些能激励孩子奋发向上的故事

每个人都会遇到困难与挫折，成功人士在遇到困难与挫折时，会以乐观、积极向上的精神，从容地去面对，而失败者则被困难吓倒，畏缩不前。因此，家长应经常讲一些成功人士战胜困难与挫折的故事，让孩子从中得到启发。当然家长所讲的不一定都是名人，也可以是身边学习成绩好的孩子，给孩子讲讲他们是如何战胜困难和挫折的，会对孩子的影响很大。

3. 带孩子到一个能够激励奋发上进的地方转一转

现在许多家长为了激发孩子的学习热情，带孩子到清华、北大等名牌大学的校园内转一转，让孩子体验一下知名大学的校园环境，使孩子生发考名牌大学的愿望，这是一个很好的激励孩子奋发上进的方法。

塑造孩子的误区

孩子只要坐在那里认真学习就可以了，不管他是否有激情。

当孩子说将来要考清华大学时，你轻蔑地说："哼，就你那成绩，考个普通大学就不错了，想考清华我看是不可能的。"

当孩子学习成绩几次不理想时，你冷嘲热讽地说："你啊，完啦，将来我是指望不上你了，爱怎么着就怎么着吧！"

给父母的家庭作业

精神的力量是无穷的，你平时注重激励孩子学习的热情了吗？你的孩子是否满怀斗志地去学习？你在这方面是怎样做的？

教子箴言

那些成大事者与普通人之间最大的区别就在于，成大事者总是积极主动地去努力。孩子要想获得优秀的成绩，创造美好的未来，必须永远保持自觉主动的学习精神。

好孩子都是夸出来的

对孩子的教育是有技巧的，最简便而又行之有效的办法，就是对孩子千万不要吝惜溢美称赞之词，毕竟好孩子就是夸奖出来的。家长要根据孩子成长的特性，正确引导他们的天性，千万不要以家长那种成人的思维和眼光来要求孩子，千万不要用居高临下的语气来教训和训斥孩子，千万不要用简单粗暴的方法来限制孩子的好奇心。

实况回放

孩子趴在桌上苦苦地思考一道数学题，眼看着就到最后一步了，可怎么也想不出来，妈妈在一边看着心急，不由发起火来："你怎么这么笨呀！就最后一步了还想不起来？"孩子满脸的不高兴，说："我不是已经想出前面那么多了吗？你为什么不表扬我呢？"妈妈轻蔑地说："嘿嘿，连道题都做不出来，还想让人表扬呢，真是不害羞！"孩子含着眼泪冲进自己的房间，"呼"地把门关上了。

教子妙招

在对待孩子学习的问题上，大多数的家长都比较吝惜赞美之词，通常情况下还是会说自己的孩子努力程度不够，或者说是学习态度不够端正，或者说是学习的吃苦精神太差，就算是这个孩子在学校已经深得老师的欣赏，在家里也很少能够听到家长由衷的赞许。不少家长总是担心称赞话说多了会助长孩子的骄傲自满心理，影响孩子学习进步。这是现在不少家长在教育孩子的方法上存在的问题。

我们每一个人都是喜欢听到赞扬声的，所做的事情是需要得到别人肯定的，而对批评声有一种天然的抵触情绪，批评的声音多了，自然而然就会有种想把自己封闭起来的行为，这时，对于外界的所有要求都会充耳不闻，我行我素。孩子更是如此，也喜欢听表扬和赞许的话，如果家长能够经常性地多表扬他们，自然会激发孩子们的表现欲望，自然会增强他们学习的积极性，自然会帮助他们树立起学习的自信心，让他们有一种不能辜负家长期望的自觉自愿学习的原始动力。

或许很多家长感到自己很难做到，或者是对自己的孩子不适用，因为，总是感到自己的孩子好吃懒做，不逼不会去自觉学习，学习习惯很差，离家长心目中的刻苦用功程度还有很大差距。怎么看都感到自己的孩子浑身是毛病，全然是一无是处，不管从什么角度看就是没有闪光点，仿佛是没有什么东西值得去表扬。

其实，家长要随时调整自己看孩子的眼光，多用欣赏的眼光和赞许的语气和孩子交流沟通。要知道所有正常孩子的天性都是希望能够得到家长的赞许，都想成为家长引以为豪的孩子，因此，反倒是家长应该用欣赏的眼光看待孩子，每每发现孩子的闪光点时应及时给予表扬。

需要告诉家长们的是，尽量不要用成人的眼光和成人的欣赏水平来评判孩子的作文，尽量不要用轻蔑的语气来嘲笑孩子们的创造性思维，尽量不要瞧不起孩子们的学习内容和学习难度，尽量不要用不切合自己孩子学习能力的标准来要求他们。

同时，我还要建议家长们用放大镜来找孩子的优点，尽量多夸奖他们，哪怕有时就是违心的。反之，只要他们做的不是什么坏事，只要他们在日常生活和学习中比过去有所进步，只要他们想在家长面前刻意表现自己的优点，我们就不要吝啬表扬和赞美之词，多给予他们一点表扬，多肯定他们的表现，多用溢美之词，对于孩子的成长是会有无限正面作用的。毕竟，好孩子就是夸奖出来的！

生活中，有些父母在教育孩子时，确实很少采用赞美的方式，他们只是一味地认为对孩子的教育不能太宽松：孩子学习不好，成绩差，当然不能表扬；孩子努力学习，成绩有所进步，也不能表扬，因为这会使孩子骄傲，最终导致孩子的学习失败。

这些父母的观点是完全错误的。其实，无论谁，不管是孩子还是父母都需要赞美。赞美孩子，会使他努力向上。相反，如果父母动不动就骂孩子"笨蛋"，否定他的能力，孩子有可能变得比你想象的还笨。

比如，你的孩子学习比较差，如果你对孩子说："你的学习真差，恐怕再也赶不上了！"孩子肯定会对自己失去信心，以为自己天生就是个差等生，再努力也没用了。相反，如果你对孩子说："你是个聪明的孩子，通过努力，一定能赶上班里其他同学的。"那么孩子一定会对自己信心倍增，从而努力赶上。

如果多给孩子一点赞美，孩子就会向成功靠近。心理学研究表明，父母在学习中多给孩子一点赞美和鼓励，孩子就会自信、乐观、积极，对学习也充满了信心。他们从不怀疑自己的能力，即使在学习中遇到困难，也会想办法解决。事实证明，从小受到赞美的孩子长大以后要比从小就被打击的孩子性格坚强得多，而且成就也大得多。

在学习过程中，每个孩子都会遇到不同的困难或挫折，如考试不及格，或自己未完成学习的内容而受到老师批评，等等。此时，孩子会表现得十分脆弱和消沉，在这种情况下，孩子最需要父母的鼓励和赞美，帮助他重新树立自信。

赞美是一种爱的表达，不仅可以用语言抒发，赞许的目光、夸奖的手势、友好的微笑也能收到赞美的效果。如果你善于运用赞美，就会发现它能够创造奇迹。

孩子需要赞美这已是一个不争的事实，可如何赞美孩子也是一门艺术，需要父母们去学习，我们不妨来看看下面几条建议。

1. 赞美孩子的具体行为，而不是赞美整个人

赞美孩子时，应赞美孩子的具体行为，不要直接赞美孩子整个人，应尊重事实，不要夸大其词。例如，当孩子做出了一道较难的数学题时，最好不要说："你真行！"而应说："这道题做得很好。"要知道，过分的赞美，会给孩子播下爱慕虚荣的种子。

赞美的重点应该放在"过程"上，而不单单是在"结果"上。对孩子的赞美和奖励应根据孩子是否尽了力，是否在原来基础上有了提高，而不是仅仅看孩子的考试结果。也就是说重点看做事情的过程，淡化结果。

2. 当孩子做了值得赞美的事情时，再去赞美

在赞美孩子时，一定要坚持原则，只有孩子做了值得赞美的事情时，才去赞美。如果无原则地一味对孩子加以赞美，特别是孩子做了错事时，也去赞美，就会使孩子养成是非不分、骄横跋扈的坏习惯。

3. 赞美要有新意，不要为同一件事多次赞美孩子

孩子经过努力取得了好的成绩，或者他做完了应该做的事，应该得到赞美。但父母要注意，最好不要为同一件事多次赞美孩子，如果只是一味地进行简单赞

美，孩子就会陷进"赞美疲劳"，所以应该不断选择新的角度，发掘新的内容，特别是对于孩子潜在的优点，比如孩子学习好，仅仅称赞他学习刻苦、成绩优异，就显得没有新意，不如赞美他学习方法独特，效率很高，以促进他更加注重效率和方法，这样会使他的成绩"更上一层楼"，这就要求我们父母要有敏锐的观察力，能及时发现孩子身上潜在的东西，并给予赞美和肯定。

4. 赞美孩子时，要抓住适当的时机

当孩子正在做或已做完某件事情时，应及时给予赞美，如一时忘记了，最好设法补上。因为，当孩子做了值得赞美的事而未得到赞美时，父母的"熟视无睹"就好像是给孩子当头浇了一盆冷水。

塑造孩子的误区

即使孩子获得了很大的成绩，也只是淡淡地夸奖几句，更多的是告诉孩子要谦虚，不能骄傲，要继续努力之类的话。

内心里觉得孩子很优秀，可嘴上从来不说。

经常夸奖别人家的孩子，想通过这种方式激励自己的孩子努力学习。

给父母的家庭作业

赞美孩子，会使他努力向上，相反，经常对孩子说"你真笨"之类的话，孩子就会对自己失去信心，因此，对孩子应该多一些赞美，少一些指责。你经常赞美你的孩子吗？你是怎样赞美你的孩子的？什么样的赞美对你的孩子比较有效？

教子箴言

只要家长用心去为孩子鼓劲，孩子就会感到家长的激励是发自内心的。这样，他们才能够在激励中自动自发学习，刻苦拼搏向上。

言传身教，当好孩子的人生榜样

榜样的力量是无穷的，要想把学习变成孩子的内心渴望，就需要家长充当好镜子的作用，因为父母的言行是孩子无声的老师，对孩子有着强大的潜移默化作用。所以父母一定要以身作则，时时、处处、事事严格要求自己，为孩子做好人生的榜样。

实况回放

盈盈跟妈妈一起上街，碰到了邻居张叔叔，盈盈对张叔叔不仅没有打招呼，甚至看也不看。张叔叔招呼她，她只是勉强回答，十分没有礼貌。回家之后，妈妈把盈盈叫到身边，严厉地对她说："盈盈，妈妈发现你对张叔叔讲话时，没有运用礼貌用语。我跟你说过多少次了，你就是记不住！"

盈盈顶嘴说："妈妈你不能怪我，你不是总是教我要尊老爱幼吗？你虽然爱护我，可你从来没有尊重过我奶奶！我都记得！"妈妈听了盈盈的话，刹那间脸红了。

教子妙招

俗话说："己不正，何以正人？"家长一定明白这个道理吧。孩子不按你的要求去做，一定是因为你自己有某些方面做得不大好，而不能让孩子服你，因此，要想让孩子做得好，首先要从自己做起，加强自身的道德修养，做一个正直的人。要知道：榜样的力量是无穷的。孩子的年龄越小，榜样的感染力就越大。因此，家长应重视榜样对孩子的巨大影响，时时处处给孩子树立好榜样。前苏联一位教育家曾说过："一个家长对自己的要求，一个家长对自己家庭的尊重，一个家长对自己每一行为举止的注重，就是对子女最首要的、也是最重要的教育方法。"

其实做孩子的榜样并不容易，要求家长自身要养成一些良好的习惯，不是一天两天做到就可以的，而是一辈子做到才行。试想：如果你在要求孩子不能说谎、不能随地乱扔东西的同时，却陋习难改，孩子怎么能做到呢？

所以说，要对子女进行成功的教育，父母应先做出榜样，正如列宁夫人克鲁普斯卡娅所说："家庭教育对父母来说，首先是自我教育。"家庭是孩子最基本的生活和教育单位，父母的一言一行，一举一动，都是孩子的效仿源。孩子最初的行为习惯都是从父母那里学来的。

教育专家研究发现，经常受到父母不良饮食习惯、吸烟和酗酒等不健康行为影响的孩子，往往会效仿父母的行为。孩子不仅在总体上效仿他们父母的生活方式，而且还往往继承与父母相同的个别有害于或有益于健康的行为，如吸烟或运动锻炼等，并且男孩的生活方式常常与父亲的生活方式更为相似，而女孩则更可能效仿其母亲的行为。

孩子在家庭的日常生活中，和父母朝夕相处，日夜为伴，尤其未成年的孩子，对父母的依赖性、依恋性、模仿性最强，而这时父母在孩子的心目中威信最高，他们认为父母的一切言行举止都是最标准、最美好的，对父母的一切言行都有强烈的模仿欲望：父母的走路说话、待人接物、欢乐与痛苦等，孩子都看在眼里，记在心上，努力去模仿和效法，无论好坏都兼收并蓄。这种影响是在无意识中产生的，其作用也最直接、最深刻、最持久。

父母的言行举止，犹如一本没有文字的教科书。因此在孩子面前，父母从思想品德到生活小节，都没有小事。要教育孩子具有较高的社会公德，父母自己就必须成为这样的人；要求孩子积极进取、勇敢拼搏，父母也要率先示范。只有这样，才能对孩子产生积极、深远的影响。

父母是孩子最好的老师，孩子健全的人格、成功的品质、独立克服困难的能力，都来自父母的以身垂范。父母的好榜样将为孩子铺就成功的捷径。那么如何才能够成为孩子学习的榜样呢？

1. 父母提高自身素质和修养

父母要给孩子做好榜样，首先自己本身必须要优秀，要进行不断地自我教育，不断地提高自身的素质和修养。

刘小冉在学校是个有名的优秀孩子，不但各门成绩名列前茅，在学校的各种文体活动中表现出色，而且人缘极好，对同学从来都是一副热心肠，谁有问题她都会第一个过来帮忙。老师、同学都对她交口称赞。

其实刘小冉这样优秀完全得益于妈妈对她的影响。妈妈是省级劳模，无论工作，还是生活，都抱着极其严肃认真的态度。妈妈经常强调："人活着，有两件事情要用一生都去做，一是把人做好，二是不断学习。"妈妈是这么说的，也是这么做的。刘小冉看在眼里，记在心里，她在学习和生活中，时刻以妈妈为榜样来要求自己，激励自己。

2. 以身作则做父母

父母以身作则是家教之本，身教是最有说服力和感染力的教育资源。家庭是最容易表露出习惯的环境，大人的习惯对孩子的影响，不仅是指孩子对父母的行为进行模仿，更重要的是父母的习惯会潜移默化地影响孩子的观念，天长日久，孩子也就养成了这种习惯。

在教育孩子时，"身教"比"言传"更重要。如果父母的言行不能一致，孩子自然就不会乖乖地听话，这个道理家长们都会明白。

如果父母能处处以身作则，那么你的一言一行就会成为孩子的表率，这不仅可以树立和提高你在孩子心目中的威信，还可以使你牢牢地把握住教育管理孩子的主动权。

不过，在一个家庭中，要完全做到言行一致也是一件不容易的事，因为习惯成自然，当坏习惯表露时往往不觉得自己的"不好"。而在要求孩子做到连自己都没有做到的事情时，也不会拿自己的行为习惯作反思。

因此，父母在教孩子时，应重新审视一下自己，并力争及时发现问题，及时改正，这样的父母才能真正做到以身作则、言传身教！希望所有的父母在教育孩子学习的过程中，也能同孩子一起提高，当好教育孩子的引航人！

塑造孩子的误区

自己在外边和朋友或同事玩，把孩子留在家里看书、学习。

自己总是把今天的事推到明天，却让孩子当天完成当天的事。

只要孩子好好学习，自己却不求上进。

经常说："这么简单的题也不会做！……除了吃，你还会什么？"

给父母的家庭作业

家长的一言一行，都会影响孩子，因此，要想让孩子好好学习，自己首先要对学习感兴趣。你在这方面做得怎么样？能做孩子的榜样了吗？

教子箴言

　　激励可以让孩子产生学习动机，一个小小的行动、一句简单的话语，只要是发自内心的，都可以让孩子信心倍增，给孩子的学习增添无穷的动力。

学会当孩子的"啦啦队"

鼓励也是一种赞美，是养育孩子最重要的一个方面。孩子需要鼓励，就像花朵需要阳光雨露一样。孩子在成长发展的过程中，家长要经常关心孩子，多看孩子身上的优点，对孩子成长发展中每一次的进步都要及时表扬和奖励。从心理学的角度来讲就叫强化，经过强化人们的印象才会更为深刻，也就知道了自己该做些什么、怎么做。

实况回放

妈妈下班回到家，看到儿子正趴在桌子上写作业，桌子边放了一张98分的试卷，妈妈一眼就看到了这张试卷，禁不住内心的喜悦，对儿子说："儿子，你真棒，考了这么好的成绩，我爱你！"妈妈本以为儿子听了这番赞扬后，一定高兴得眉开眼笑，可没想到儿子的脸上没有半丝笑容，只是用怀疑的目光审视了妈妈一下，客客气气地说了一声"谢谢"，又低头做自己的功课了，妈妈被弄得莫名其妙，不知自己说错了什么，只感叹道："唉，孩子大了，真不知他心里想的是什么。"

教子妙招

案例中妈妈的赞扬会让孩子产生这样的错觉：妈妈之所以爱我，是因为我考了98分，如果我没有考那么好的成绩，妈妈肯定不会爱我的，因此，孩子听了妈妈的话后，脸上没有半丝的笑容。

赞扬总是把自己对孩子的感情与孩子所做的事联系起来。而鼓励则不同，鼓励的要点，是不把孩子所做的事情与父母对他们的情感联系起来。要给孩子一个印象，就是无论他们学习成绩好坏，都不会影响父母对他的关注与爱护。由此可见，孩子需要的是鼓励，而不是赞扬。

孩子一出生，就开始了竞争与拼搏的旅程。在人生的竞技场上，孩子只能自己去努力，父母是无法代替孩子的。

但是，父母一定能给予孩子一种力量，使孩子保持良好的竞技状态，这种力量就是"啦啦队"的力量。

当孩子取得成功时，为他鼓掌，为他喝彩；当孩子遭遇失败时，为他加油，为他鼓劲。在孩子学习的过程中，千万不能一厢情愿地站在一旁给孩子当"裁判"。

评价孩子学习好坏，不能只看考试分数，而应全面考察孩子的思维特点、学习习惯、创造力、学识等。孩子现在学习成绩的好坏，并不很重要，重要的是要看孩子学习的态度，即是否有学习的意识。如果孩子没有学习意识，即使现在成绩好，将来也会下降的；相反，如果他有学习的意识，即使现在成绩不好，将来也一定会成功的。因此，要想让孩子成为一个优秀的学生，首先要培养孩子的学习意识。

孩子学习的终点是成为真正优秀的学生，了解了孩子学习的终点是什么以后，无论如何，我们都要做孩子的啦啦队，那就应将自己的位置摆到看台上，远距离地进行助威。无论孩子是处于竞争队伍的前列，还是暂时落在后面，都应当给以积极的掌声，因为孩子要走向成功的终点，在此过程中不能没有父母的"加油"声。

鼓励是教育孩子的好方法，但是只有尺度适当，才能达到预期的效果。家长应注意以下几点。

1. 对孩子有信心，认为孩子可以学好

父母对孩子有信心，孩子才会对自己有信心。不可缺少如果父母总是给孩子打"退堂鼓"，认为孩子根本就不是块好料，那么孩子肯定对自己也没有信心，不思进取，学习成绩也会直线下滑。

2. 鼓励孩子学习要量力而行

鼓励孩子学习，要结合孩子的实际情况，让孩子不要太劳累，不要太强迫自己。父母这么做，孩子感受的不仅是鼓励，还有来自亲人最真诚的关怀，这会让孩子心里觉得更加温暖。同时，学习带给他的压力也因此而化解了。

3. 了解清楚孩子的性情，再对症下药

孩子与孩子之间存在着差异，有的孩子聪明，但调皮、贪玩；有的孩子性格内向，不善言表；有的孩子喜欢埋头苦读；等等，这就要求父母要根据自己孩子的特点加以鼓励。

比如：你的孩子属于贪玩的类型，当他玩累的时候，你可以对他说："宝贝，歇一会儿去做功课吧，做完了功课，会玩得更开心。"

如果你的孩子性格内向，不善交流，当他总是一个人待着时，你主动上前问上一句："孩子，有需要妈妈（爸爸）帮助的吗?""来，咱们一起包饺子!"有的孩子成天只顾着埋头苦读，你就要想办法让他多跟其他的孩子一起玩，或者带他出去玩，以便减轻学习给他带来的心理负担。孩子做完了功课，你可以对他说："功课已经做完了，出去玩会儿吧，让大脑休息一下。这样，明天才有精神学习新的功课。"或者说："学习固然重要，但该玩就玩，该学就学，劳逸结合，才能学得更好。"

塑造孩子的误区

不考虑孩子的实际能力，只是一个劲地鼓励孩子向更高的目标前进。

非常注重孩子的分数，当孩子取得好成绩时，就赞扬；当孩子的成绩落后时，不去鼓励，而是批评、训斥。

不管孩子是否做了应当受到表扬的事，都对孩子说"你真好""你真棒""你真乖"。有时，孩子都不清楚父母为什么要表扬他。

不分年龄特点，无论孩子多大，总是用简单的话来鼓励。

给父母的家庭作业

鼓励是一剂良药，对症下药、用量合适才会产生好的效果。你是不是总是把"你真棒""你是个好孩子"挂在嘴上？你是怎样鼓励孩子的?

✎ 教子箴言

没有鼓励，就没有孩子学习的成功；没有鼓励，也就没有孩子成绩的进步。鼓励是孩子学习的营养剂，孩子的内心迫切需要鼓励。为了孩子，请家长慷慨地给孩子鼓励吧!

给孩子找一个好对手

世上没有不爱自己孩子的父母。有些父母为了教子成材，不惜血本送孩子上贵族学校，甚至牺牲了所有的节假日陪读陪练，其间少不了强制教育、棍棒拳脚，但结果往往不尽如人意，有许多孩子因此而产生了抵触情绪和逆反心理，使家长们十分苦恼。问题出在哪里呢？细究之下，才知道是父母们没有给孩子找一个对手。人们常说，没有竞争，就没有动力，在孩子的学习道路上，不能没有竞争。因此，应该尽早为孩子寻找竞争对手，让孩子的学习更自觉。

实况回放

你的孩子是一所非重点学校的学生，在班上学习成绩还算不错，于是有点沾沾自喜。为了消除孩子的自满情绪，你专门从重点学校里找了一个与孩子同年级的学生，让他和自己的孩子一起做几道练习题。那个学生做得又熟练又准确，而你的孩子虽然也做对了，但做得比较慢而且也不太熟练。后来两人又一起做一道课外补充题，那个学生不一会儿就想出来了，而你的孩子却做不出，因为在他们学校，老师从来不教这类题目。这样一比较，你的孩子才心服口服，他嘴上虽然没说什么，可从此再也没有那种骄傲自满的神态了。

教子妙招

如今的孩子大多是独生子女，家里的爷爷奶奶、姥爷姥姥以及父母甚至更多的人都围着他转，因此，很容易使孩子养成唯我独尊、天马行空的性格。这种性格反映在学习上，就是俨然以自满自足自居，没有压力感。以为天底下只有自己好，不是说这个同学笨，就是笑那个同学傻。尤其是班里的所谓"学习尖子"，只盯着自己班里的同学，那么在学校里呢？在市里呢？很少考虑。因此，对于这些孩子，最好的办法是让他知道天外有天，学会竞争，这样才能改变孩子的这种心态。

　　为了让孩子提高适应社会的能力，必须让孩子从小既学会合作，又学会竞争。但是怎样让孩子学会竞争呢？有效的办法就是经常在他的身边树立一个友好的竞争对手。

　　家长在给孩子寻找竞争对手时，应注意以下几个方面：

　　1. 为孩子寻找竞争对手，要具体明确

　　为孩子寻找竞争对手，主要目的是为了鼓励孩子更好地学习，而不是让对手压倒孩子。因此，家长应在充分肯定孩子成绩的前提下，不断提出具体的（有名有姓）竞争对手，来激励孩子。给孩子找的竞争对手，越具体越好。比如可以激励孩子：这一次你超过班上的尖子某某同学，这很好，我相信你下一次可以超过年级的尖子某某同学。

　　2. 在培养孩子竞争意识的同时，不要忘记培养孩子赏识他人的意识

　　家长应经常教育孩子多看别人的优点，欣赏他人。如具体指出某位同学在功课上虽说不如你，可人家唱歌唱得好，声音甜美。时间长了，孩子就慢慢学会全面评价一个人：人家这方面可能不如你，但别的方面也有你不如的地方。这样，孩子长大后，才会成为"宽容他人"的人。

　　3. 教育孩子正确对待竞争中的胜利与失败

　　有竞争就会有胜利和失败，家长应该让孩子认识到在取得好成绩时，要想到"山外有山"的道理；成绩落后时，也不要灰心丧气，引导孩子找出成绩落后的原因，并帮助孩子迎头赶上。

　　4. 经常为孩子变换竞争对手

　　如果孩子学习差，有个阶段在班上竟成了差等生，家长可以告诉他，要把失败作为成功之母，只要努把力就会摆脱落后的困扰。首先，家长应为孩子寻找一个比他稍好一点儿的孩子作为竞争对手，让孩子感觉到，只要努力，赶上是没有问题的，于是孩子会暗暗开始一场较量。由于孩子自觉努力，当然会战胜这个竞争对手。在孩子进步之后，家长应再启发他寻找新的竞争对手，开始新一轮的竞争。

　　给孩子找个对手，让孩子从小就学会在竞争中成长，这对孩子的早期教育非常有益，同时也对孩子的成长大有好处，更重要的是，这种竞争意识可能会影响孩子的一生。

塑造孩子的误区

对孩子取得的成绩不加以赞赏或鼓励，而是冷冷地说："这有什么呀，某某同学比你强多了！"

给孩子找的竞争对手不明确，比如孩子在班里得了第一名，对他说："你真棒，不过比你好的学生多着呢，你要努力呀！"

给孩子找的对手过高，孩子无论怎么努力都赶不上，丧失毅力，从而泄气走向反面。

给父母的家庭作业

给孩子找个竞争对手，让孩子认识到自己的不足，以激励孩子好好学习，有利于培养孩子的竞争意识。你经常为孩子寻找竞争对手吗？在为孩子寻找竞争对手时应注意哪些问题？

教子箴言

孩子的自我意识的提升过程就是学习进步的过程，要提高孩子的自我意识，就需要"反馈"作用，也就是镜子的作用。为自己的孩子找一个竞争对手，比如同桌、邻居家的小孩或成绩排在孩子前面的同学，可以鼓励孩子超过他们；鼓励孩子做他们想做的事情，以开发他们的智力，发挥他们的潜能。

第五章

培养孩子的学习兴趣

学习兴趣是一个人求知的起点，是创新精神的原动力。学习要想有成效，就需要有浓厚的学习兴趣，兴趣是学习的内驱动力。孩子有了这个动力，就会产生强烈的求知欲望，就会有不怕困难、勇往直前的精神。

允许孩子在兴趣上不专一

对于年龄小的孩子来说，处处感觉着新鲜、好奇，对许多领域的知识都觉得很有吸引力。孩子极其强烈的好奇心，吸引着他们投入到多种兴趣的学习中去。家长们如果因为孩子爱好广泛、怕不专一而进行制止，那就等于抹杀了孩子的天性，最终扼杀了孩子的潜能，并可能造成从小叛逆的性格。因此，对小学生来说，兴趣爱好广泛比仅仅只是培养一种兴趣要更有优势。

实况回放

你的女儿在兴趣上总是不专一，上幼儿园时喜欢画画，可刚学了半年，又非常羡慕同班会拉小提琴的小朋友，想学拉小提琴，于是你又给她报了小提琴班，可拉了半年，又开始叫苦了，孩子又学画画又学琴，课余时间排得满满的。上小学后，孩子又想去跳舞，舞蹈队的小天鹅舞实在太叫人羡慕了。于是孩子想放弃画画和拉小提琴，开始学跳舞。你终于生气了："不行，你只要把小提琴和画画给我学好就行了，不能总像狗熊掰玉米似的，掰一个丢一个，到头来还是一场空！"

孩子知道你的话有道理，但她对画画、学琴实在是提不起劲儿来，硬着头皮坚持去学，心里越来越厌烦，继而发展到逃课的现象经常出现，而你在得知情况后，更是火冒三丈，找到女儿后，一场新的家庭战争爆发了。

教子妙招

年幼的孩子由于缺乏阅历和判断能力，对事物的选择往往受具体事物的影响，缺少理性分析，难以一步到位，再加上孩子天性活泼多变，容易受外界新鲜事物的影响，因而会出现兴趣爱好转移的现象，这是孩子成长的必然规律。但大人们却不能理解这些，我们常常听到很多家长都责怪孩子："这孩子，太不像话了，今天想学这个，明天想学那个，到头来什么都学不好。"实际上，做家长的应该了解孩子的特性，最好能以孩子的愿望和要求为出发点，对于孩子在兴趣上的不专一，应当宽容地对待，正确地引导。

有个三年级的孩子，平时兴趣爱好十分广泛，画画、电脑、钢琴、围棋等都在学，而且并非只是一时兴起，这孩子对每一种都学得特别认真。家长对此十分矛盾，生怕孩子因为学了这么多课外的内容，精力分散了，课余时间没有了，甚至可能学习成绩都会下降。而且学这么多种类，说不定反倒学不到其中的精髓，一直处于半桶水的状态。但是，如果从中干涉孩子的兴趣爱好，又不是一种明智的做法。

其实家长的这种担心也是必然的，毕竟孩子的课余时间是有限的，这么多的兴趣不可能都顾得过来。而且自古以来不少的寓言故事都教育我们做事情要精专，从一而终，才能够领悟当中的精髓，才能融会贯通。

不过家教专家认为，家长的这种担心是没有必要的。因为对于年龄小的孩子来说，世界是非常新鲜且有意思的，任何一个他们未曾到过的领域都是十分具有吸引力的。孩子极其强烈的好奇心吸引着他们投入到多种兴趣的学习中去，家长们如果因为孩子爱好广泛而从中制止，那就等于抹杀了孩子的天性，最终扼杀了孩子的潜能，并可能造成从小叛逆的性格。

因此，对小学生来说，兴趣爱好广泛比仅仅只是培养一种兴趣要好得多。因为在广泛的兴趣爱好中，才可以发现孩子真正的潜能和优势，家长才能够因势利导，引导孩子建立真正的兴趣爱好，为将来所用。

孩子的兴趣爱好虽然广泛，但是要一直坚持是件十分困难的事情。同样的，因为孩子的年纪小，感兴趣的东西也自然多，而孩子的注意力集中只是一段时间或者一个周期内，过了这个周期，兴趣可能就变成了负担，孩子也会因此而想放弃。这时候，才是家长需要真正介入的时候。让孩子从各种兴趣中找出自己不想继续下去的理由和仍然想继续的理由，从对比中，让孩子自己发现到底需要的是什么，不需要的是什么。让孩子学会取舍，学会发现什么是自己真正有兴趣的东西。这样建立起来的兴趣才是孩子能够坚持学习下去的兴趣，才能真正掌握到其中的精髓。

兴趣的好处很多，要让孩子培养其真正的兴趣，是需要家长投入关心和时间去实现的，盲目的家长做主的制度或者放任自流的态度都是不科学的。因此，父母可以通过了解孩子的兴趣，帮助和发现孩子真正的潜能和优势，引导孩子建立真正的兴趣爱好，为将来所用。这样建立起来的兴趣，才是孩子能够坚持学习下去的动力，才能真正学透、学精。

总的来说，在孩子的兴趣问题上，父母把握以下两点就大功告成了：

1. 让孩子"乐在其中"

由于个体的差异和所处环境的不同，每个孩子的兴趣发展水平也是不同的。不同的孩子对同一事物未必都会感到有趣，也未必都会从中获得快乐的情绪体验，更未必都能由此变成一种专注执着的追求。家长最好努力让孩子接触更多"有趣"的事物，尽力使他们确能"乐在其中"。

2. 尽力满足孩子的兴趣

孩子从小就对各种事物充满兴趣，家长应给孩子选择自己爱好和人生的权利，尽力满足孩子的兴趣，从而使孩子那充满创造性的智慧得到充分的发展。

作为家长，不应该只按照世俗的或功利的眼光来决定孩子今后的发展方向，而应该顺应孩子的天性，让孩子拥有坚持、改变或者放弃某种兴趣爱好的权利。

塑造孩子的误区

认为孩子的兴趣爱好是不容改变的，常常责怪孩子"三心二意"或"缺乏志向"。

逼迫孩子学习某方面技能，不管孩子是否有这方面的兴趣和发展潜力。

给父母的家庭作业

当孩子告诉你想放弃原有兴趣班而报一个新的兴趣班时，你会生气吗？你是怎样对待这件事的？

教子箴言

孩子对好玩的事情，三分钟热度是很正常的现象，因为这个时候的孩子的注意力和兴趣的兴奋点正处在不稳定期，遇到困难很容易放弃当初的所谓兴趣，或者干脆"喜新厌旧"。如果父母遇到这样的问题，应该知道这是孩子正常的心理，不必惊慌，也不要用成人的持之以恒和毅力等标签来要求孩子，而是要想法设法地用各种方法让枯燥的学习变得更有趣味。

将好奇心转化为求知欲

求知欲是推动人们自己去探求知识并带有感情色彩的一种内心要求，它是探索、了解人们对未知事物的欲望，是人们追求知识的动力。求知欲是人类最有价值、珍贵的欲望，如果爸爸妈妈不懂得启发、引导孩子的求知欲，将是令人极其遗憾的失误。

实况回放

例一：儿子在别人的眼里可是一个聪明、爱提问题的孩子，还被同学称作"聪明一休哥"呢！可妈妈却不这么认为，总觉得儿子的问题太多了，见到什么，问什么，有时儿子问的问题，妈妈都无法回答。甚至有时妈妈认为这是孩子不爱动脑筋、捣乱的表现，因为有些问题在妈妈看来很简单，儿子却要问个不停，为此妈妈很恼火。

星期天，儿子和妈妈在家打扫卫生，儿子的问题又来了，一会儿他问妈妈为什么要用拖把来拖地？一会儿又问妈妈他们家为什么要住在第 19 层？……妈妈被他的问题问得很心烦，虽然妈妈嘴上不住地给孩子解释他想知道的问题，可是心里却忍不住想斥责儿子。

终于，当儿子再问她"为什么要用报纸来擦玻璃"这样的问题时，妈妈终于忍不住了，她严厉地斥责儿子："哪有那么多为什么，不想干活就给我站到一边去，烦不烦呀你！"听了妈妈这样的斥责，本来高高兴兴干活的孩子，眼睛里顿时溢满了泪水，默默地望着妈妈，一言不发。

看着儿子委屈的样子，妈妈心里也不舒服，她实在想不通，儿子为什么有那么多的问题，而自己又该如何面对这个多问的儿子呢？

例二：一次，妈妈让晶晶仔细观察蚯蚓有什么特征。经过观察后，晶晶说："蚯蚓贴着地面的部分是毛茸茸的。"

妈妈说："你观察得很仔细。"

这时，晶晶好像受到了鼓舞，接着仔细观察完蚯蚓后说："妈妈，我用线将蚯蚓扎好后捂在手上中好长时间，过一会儿，我把它拉出来，它在蠕动，说明它生命力很强。"

妈妈说："对，我很佩服你。"

晶晶又说："妈妈，我把蚯蚓放在嘴里尝了尝，有咸味。"

此时妈妈的神情变得庄严起来，激动地说："完全正确！同时我还要赞扬你这种勇敢的求知欲行为和为科学献身的精神。晶晶，你真的很棒！"

教子妙招

孩子上小学、初中以后，求知欲和好奇心往往融合在一起，自然界和社会生活中纷繁复杂的现象，以及书本上的种种知识，时时会引起他们的好奇心，就连路旁一棵无名的小草，天空一朵飘浮着的彩云，都常常会招来孩子们的发问和遐想。孩子迫切希望用自己学到的知识去解释这些现象，因而激发了他的求知欲。

求知欲一般由好奇心发展而来，是人们积极探求新知识的一种欲望。当一个人把求知当作自己的欲望时，他就会主动地通过各种方式获取知识，积极地思考问题，并通过实践来验证他所学的知识，他学习时的注意力也会特别集中。所以家长要善于诱发孩子的好奇心，将孩子的好奇心牵引到求知愿望上。

人是社会的主体，孩子是社会的未来。家长应尽可能带孩子参加各种社交活动和集体活动。通过这些活动不仅能培养孩子的交往能力和集体精神；更重要的是，能够开阔孩子的眼界，增长孩子的见识，大大增强他们的求知欲，激励他们自觉主动地学习各种知识。

人类的行动大都是欲望和冲动支配的结果。强烈的求知欲是驱动孩子自觉主动地学习的动力本源。求知欲是孩子的天性中最可珍贵的东西，它使孩子深思好问，它使孩子富于创造的勇气。

聪明的家长不会对孩子进行枯燥的说教和严厉的要求，而是因人而异、因势利导地激发孩子的求知欲，然后，让孩子满腔热情地积极主动地去探索，去学习。

孩子的求知欲洋溢在活泼多姿的游戏中，彰显在丰富多彩的社会活动中，山河大地美丽景观更是激起孩子求知欲望的最好媒介。

人们在生活、学习和工作中碰到问题、面临任务、感到自己缺乏相应的知识时，就会产生探索新知识的冲动，这种情况多次反复，求知的冲动就逐渐转化为人的内在的求知欲，这种求知欲能够促使人坚持不懈地探究知识。

对事物强烈的求知欲，对事物的好奇心和探索是开启智慧之门的钥匙。许多大科学家的发明创造都起始于对事物的好奇和探索。瓦特对"开水壶盖跳动"的好奇，驱使他探索，发明了蒸汽机；富兰克林由于发现"毛皮摩擦过后玻璃棒能吸引纸屑、头发"，经过探索而发现了电。总之，求知欲和探索精神是创造成功的开端和必要的条件，是孩子智力发展的内在动力。

教育的意义，就是充分满足人的探求本能和求知欲。如果教育偏离了人类的探求本能和求知欲，这种教育就很可能是失败的教育；如果教师和家长不尊重、爱护孩子的探求本能和好奇心，那么教师和家长也是失败和不幸的。

孩子求知的动力来源于求知的强烈欲望。家长要有一双能发现孩子求知欲的慧眼，善于引导孩子的求知欲，巧妙激发其求知欲，驱动孩子自觉追求知识，主动学习。

那么该如何诱发孩子的好奇心，并将孩子的好奇心引导到求知愿望上来呢？家长们可以从以下几方面做起：

1. 鼓励孩子大胆想象

孩子纯洁可爱，想象力丰富。家长应利用孩子的这个特点，结合情景有意识地诱导孩子去想象。对于孩子大胆地凭借科学的原理，进行丰富的联想，要加以表扬和鼓励。这样，孩子会进一步想知道自己所想象的事能不能变为现实，进而使孩子产生强烈的求知欲望。

2. 结合生活中的情景，巧设疑问

将生活中遇到的情景，巧妙地对孩子提出问题，可以在孩子心理上造成一种悬念，激发孩子的求知欲望。疑难问题可以引人深思，耐人寻味，这对启发孩子的思维大有帮助。家长在提出问题时，一定要注意"巧"字，因为，只有好的设问才能点拨孩子的思维，将孩子的思路引向正确的方向。

3. 启发孩子思考，鼓励孩子自己尝试

孩子一天天地长大，学到的知识越来越多，他所提出的问题也越来越深，对于孩子提出的一些问题家长不必要急着将答案告诉他，可以启发引导他们自己去观察思考，去探索，去寻找问题的答案。这样可以让孩子感受到探索的乐趣，体验到自己找到答案的成就感，从而产生更加旺盛的求知欲望。

4. 给孩子提供一个充满奥秘的环境

家长最好给孩子提供一些与学科知识有关的东西，如望远镜、放大镜、地球仪、磁铁、风车等，并演示给孩子看，使孩子对这些东西产生好奇，然后再用语言给予点拨，进而诱发孩子的求知欲望。并且，还可给孩子创造一些做实验的条件，做实验不仅可以锻炼孩子的动手能力，还可以满足孩子的探究心理。在做实验的过程中，孩子可以验证所学到的知识，品尝到学习知识的乐趣，并在实验的过程中发现新的问题，从而又引发新的求知欲望。

5. 给孩子提供一个良好的精神环境

家长在家里应为孩子创造一种和谐的民主气氛，平等地和孩子一起探讨问题。家长自己也应有很强的求知欲，勤于读书，经常用知识充实自己，从而对孩子起到潜移默化的作用。

6. 经常带孩子到大自然中去

大自然的山山水水、日月星辰、雷鸣电闪、鸟语花香丰富多彩，变幻多端，充满了神秘感。孩子在大自然的熏陶下，会思路开阔，产生无尽的遐想，进而引发求知的欲望。所以家长们应经常带孩子到大自然中去，让大自然给予孩子智慧的启迪！

7. 向孩子学习

孩子接受新鲜事物的能力比较强，有很多值得成人学习的地方。家长应虚心向孩子学习，孩子会觉得有一种自豪感，因而会产生学习的欲望，以便在家长面前显示自己，他会想："瞧，你们不会的我都会，多棒呀！"

塑造孩子的误区

总是用大人的眼光看问题，对于孩子提出的一些比较幼稚的问题，不但不予以回答，还要讥讽。

对孩子由于好奇而提出的问题不认真对待，只是敷衍了事，甚至训斥孩子，对孩子说："小孩子不要问这么多，快做作业去！"

给父母的家庭作业

孩子的好奇心越强，求知欲望就会越旺盛。因此，父母应诱发孩子的好奇心，并将孩子的好奇心引导到求知愿望上来。你在教育孩子时这样做了吗？那么在诱发孩子好奇心时，你都采取了哪些方法呢？

教子箴言

兴趣是一切爱好的根源，有了兴趣才会产生求知欲，而求知欲是人类最珍贵的欲望，如果父母不懂得启发、引导孩子的兴趣和求知欲，将是遗憾的失误。因此，做父母的需要耐心的观察，抓住孩子身上的兴趣点，顺其自然地激发他们的求知欲望，绝不能轻易予以打击或嘲笑。

培养兴趣贵在顺其自然

俗话说："强扭的瓜儿不甜。"培养孩子的学习兴趣，应顺其自然，正确引导，使孩子对学习持积极的态度，让孩子乐学不倦。

实况回放

"快去练琴！"妈妈冲着在玩翻绳的女儿又开始吼了。"又要让我面对讨厌的钢琴，我情愿去死！"丫丫心想。一天，丫丫终于鼓起勇气，眼泪汪汪地恳求道："妈妈，求求你，别再让我学钢琴了！"

妈妈听后火冒三丈，瞪着眼睛吼道："你不想学钢琴想干什么？马上给我学琴去，不然，看我怎么收拾你！"

丫丫见妈妈气成那个样子，也不敢再说什么了，只好坐在琴凳上。

从那以后，丫丫再也不提不学钢琴的事了，可是，一天晚上，妈妈回家后发现钢琴不见了，当丫丫拿出一沓钱平静地告诉妈妈这是卖琴所得的钱后，妈妈真的气晕了。

教子妙招

爱因斯坦曾经说过："兴趣是最好的老师。"心理学研究表明，兴趣能驱使人接近自己所喜欢的对象，驱策人对事物进行钻研和探索，从事创新的、有趣的或个人爱做的事，乐此不疲，进而促使一个人取得成功。

可见，要想培养孩子的学习力，首先应该激发孩子的兴趣，让孩子爱上学习。一个爱学习的孩子，才能做到"懂"学习，"会"学习，才能有高的学习"回报率"。相反，一个对学习缺乏兴趣的孩子，是不可能为学习去付出、去努力的。

古人云："知之者不如好之者，好知者不如乐之者。"兴趣对孩子的学习有着神奇的内驱动作用，有兴趣才有渴求，有渴求才会主动积极地探索，独立地进行研究和分析，得出自己的结论。兴趣能变无效为有效，化低效为高效。充分激发孩子的学习兴趣是家长培养孩子学习主动性的有效途径。

学习兴趣是学生有选择地、积极愉快地学习的一种心理倾向，它是推进孩子进行自主学习的原动力。

孩子只有对学习内容有足够的兴趣，才会产生强烈的探索欲望和饱满的情绪状态，才会自发地调动全部感观积极、主动地参与到学习中去，学习就不再是枯燥的事情，学习效率就会提高，也才能取得较好的学习效果。

孩子只有对学习产生浓厚的兴趣，才会专心听讲，积极思考，从而学到新的知识。如果学生对某一学科的学习产生了兴趣，就会表现出对这一学科学习的一种特殊情感，学习起来乐此不疲，正所谓"乐学之下无负担"。

兴趣是孩子学习取得成功的最重要的保证，孩子如果对学习感兴趣，就会乐于学习，学习效率也会比较高。许多调查资料表明，对学习有浓厚兴趣、自觉性强的孩子，大都能专心听讲，注意力集中，认真做笔记，肯动脑筋，爱提问题，按时完成作业，主动阅读有关的课外书籍，并且有克服困难的顽强毅力。而那些漫无目标、缺乏学习兴趣的孩子，在学习上往往很别动，学习不专心，对待学习任务敷衍了事，遇到困难易产生消极、畏难情绪，把学习看成是一种负担。

有的家长威胁强迫孩子去学习的做法，不但对孩子没有任何帮助，还可能因不愉快的经历而影响孩子日后的学习。每个家长都希望自己的孩子比别的孩子强，每天帮孩子安排好一切，尽量为孩子创造舒适的学习环境，让孩子专心致志地学习，可是家长在做这些事之前，是否征求过孩子的意见呢？

既然是孩子的兴趣，就必须是发自孩子内心的爱好，而绝不是家长的强迫命令和个人意志。那些急功近利的家长，当他按照自己的愿望和意志去刻意培养孩子的某些"兴趣"时，这种"兴趣"对孩子来说便成了一种负担，并对孩子的正常学习造成严重的负面影响。因此，家长培养孩子的兴趣应该坚持的一个原则，便是顺其自然，不强求和不扭曲。

当然，这里的顺其自然并不是放任不管，而是把有效的生活知识，传递给他们后，引导他们在正确的轨道上发挥自己的创造力和想象力，而不是把他们限制在某一点上，也不是让他们重复一些可以避免的愚蠢的错误。这里应有个"度"，家长们应该用心去把握，才能恰到好处地运用自然之法。如何把好这个"度"呢？

1. 了解孩子，及时发现并善于诱发孩子的学习兴趣

家长只有了解孩子的心理特点，及时发现孩子容易发生兴趣的情况，才能科学有效地培养孩子兴趣。孩子容易发生兴趣的事物大概有以下四种：

（1）能给孩子带来愉快和让孩子感到有趣的事物（比如：唱歌、踢球等）。

（2）以前经历过并且取得成功的事情（比如：一道难解的数学题、一次成功的实验等）。

（3）能引起孩子注意和激发好奇心的事物（比如：磁铁、望远镜等）。

（4）孩子最想取得成功并有成功希望的事情（比如：某一项活动能成为班里的第一名等）。

家长应该充分利用上面这四种情况，采取多种方式方法诱发孩子的学习兴趣；一是以自己的兴趣引发孩子的兴趣；二是创设愉悦的情境，重视孩子容易发生兴趣的事物，或开展活动引发兴趣，并进行"强化"；三是对孩子容易发生兴趣的事物和活动加以肯定，并积极激励；四是采用提供榜样、参观访问、参加活动等方法诱发孩子的学习兴趣等。

2. 创造条件，使孩子感觉到成功后的喜悦

心理学研究表明，孩子在进行某种活动时，取得成功，受到鼓励，就会获得愉悦感和成功感，多次成功就会对这项活动抱有好感，产生兴趣。因此，家长要培养孩子的学习兴趣，就应认识到学习兴趣的特点，千方百计地创造条件，指导、帮助孩子成功。即使孩子失败了，也应该充分肯定积极的因素，帮助孩子分析、吸取失败教训，鼓励孩子不怕挫折，继续努力。

3. 教给孩子知识，让孩子增长技能

家长可以通过自己教、请人辅导、提供有关书报等方式，让孩子不断丰富自己感兴趣的事物的知识和技能。孩子的兴趣会随着知识的增加而增长，技能越

高，兴趣越大。例如练习钢琴，孩子一旦在某种程度上掌握了知识和技能，就会愿意学习。经过学习提高了水平，兴趣也就随之而增强。

　　4. 对孩子应要求适度，量力而行

　　家庭教育并不要求培养专才，而是重在培养孩子正当的兴趣，养成良好的习惯。家长应让孩子在德、智、体全面发展的基础上，让孩子具有多方面的兴趣，发展他具有潜能的兴趣爱好，成为"合格特长"的人才，不能使孩子只顾感兴趣的事物而偏废其他。另外，由于每个人的智力和才能都有所差异，因此对孩子兴趣的发展，也应量力而行。

　　5. 启发引导，使孩子抱有积极的态度

　　家长对某一事物是否感兴趣，会直接影响孩子，孩子年龄越小，家长的影响力就越大。因此，如果家长能够正确适当地指导孩子的兴趣，孩子就会受到鼓励，增强成就感，强化兴趣。假如孩子最初对某一事物没有兴趣，家长可以用谈话启发、情境启发、比喻启发、比较启发等方法，引导孩子高高兴兴地去做，让孩子在做的过程中增长知识、学会技能，渐渐地孩子就会对这一事物产生兴趣。

　　塑造孩子的误区

　　对孩子的兴趣漠不关心，无意过问，疏于了解，也不分析；对孩子的正当兴趣视而不见，也不诱导，更不培养；对孩子的不正当兴趣麻木不仁，不加限制，放任自流，不予管教。

　　不尊重孩子的意愿，从自己的需求出发，把自己的兴趣强加给孩子，非要孩子按照自己的意志去"爱好"，强求孩子替代自己完成未了的心愿。

　　对孩子符合自己意愿的兴趣就加以奖励，不符合自己意愿的兴趣就坚决禁止，甚至强迫转移。

　　对孩子兴趣爱好特点的"潜能"，心中无数，受流行风气的影响，爱赶时髦，今天让孩子学这个，明天让孩子学那个，使孩子的兴趣多变无定向，广泛无中心，短暂难持久。

　　给父母的家庭作业

　　当你按照自己的愿望和意志去刻意培养孩子"兴趣"时，这种兴趣便成了孩子的负担。你是否在按照自己的愿望和意志培养孩子的兴趣？你的孩子是否会积极主动地学习？在培养孩子学习兴趣方面你是怎样做的？

教子箴言

　　兴趣，是指人们对一定事物或活动带有积极情绪色彩的内在倾向性。对于在孩子成长过程中的每一点进步，父母都要用赞许和欣赏的目光或语言传递给孩子，让孩子心领神会，让孩子奠定"下一次我会更好"的决心和信心。

让孩子想学、愿意学

要想让孩子自动自发地想学、愿意学，父母除了用一颗爱心保护孩子的好奇心，使孩子对学习产生向往之情外，还要懂得孩子学习的心理特点，让孩子体会到通过他们的努力可以为周围的人带来喜悦，也就是让孩子建立起对学习的成就感。一旦每次努力，都得到合理的回报，孩子就会愿意好好学习。

实况回放

一天，孩子突然对你说："妈妈，航海家是干什么的?"你认真地告诉孩子："就是出海航行，探索大海奥秘。"孩子高兴地跳起来："这个职业太好了，我长大了也要当航海家!"你感到十分惊喜，孩子的理想远大，自己能不高兴吗? 于是对孩子说："你的志向很好，妈妈替你高兴!"孩子天真地问你："妈妈，可是怎样才能当航海家呢?"你拍拍孩子脑袋，郑重地说："要想成为一名航海家，就要掌握很多航海方面的知识。这些知识很复杂，可不是现在一下子就能学会的哟。当务之急是要学会各门文化知识，这是需要平时一点一滴积累起来的，只有从小好好学习，才能实现自己的理想。"孩子认真地点点头，说："我明白了! 只有现在好好学习文化课，才能实现当航海家的理想!"

教子妙招

当孩子将自己的远大理想告诉家长的时候，正是引发孩子对学习产生向往之情的大好时机，上面这位家长做得非常正确，在孩子对她说想当航海家的时候，趁机告诉孩子想当航海家需要学习有关的知识，这样就引发了孩子的学习兴趣。

同时，在孩子平时的学习中，家长还应让孩子明白这样一个道理：学习要从脚下开始，从身边开始，把目标细化成一个一个的脚印，踏踏实实地向前走。比如要想成为航海家，首先要从了解基本的航海知识开始；要想成为一名语言学家，要从字母开始学起；要想学会游泳，则要从学会基本动作开始。这样，孩子就会从小踏踏实实地学习，一步一个脚印地向前走。

当然，如果孩子对某种才艺特别感兴趣，在经济允许的情况下，可以以此鼓励孩子好好学习，承诺孩子若是学习好，愿意培养孩子的兴趣。当然有些孩子不爱学习，多是在学习上受到了打击，因此开始厌倦学习。对于这类孩子，最好的办法就是建立对学习的信心。

在生活中，不少父母肯定也懂这样的道理，当看到孩子不想学、不愿学，甚至成绩不理想的时候，就会通过愤怒或打骂来威慑孩子，让孩子更加用心，这没有错，但是家长们对学习成绩不理想这件事的评判标准没有拿捏准，并不是60分就代表了孩子没有用心学习，也并不是90分就代表了孩子愿意好好学习。

其实，每一个孩子都是独立的个体，通用的标准并不一定适用每个孩子。父母作为孩子最亲近的人，自然也该十分了解自己孩子的能力。学习也是一件体力活，并不是说付出了12分的努力就能取得10分的成绩，我们应该也让每个孩子量力而为。父母在孩子提一袋很重的东西的时候，会迅速地想到孩子会提不动，但是当自己的孩子面对一项繁重的学习任务的时候，父母却不会想到说孩子能不能够承担这项学习任务，这是十分诡异的一件事。

一个平均学习成绩在70分的孩子，通过一个月的努力后考试得了75分，家长仍然埋怨孩子没有付出最大的努力去得到90分，这样对孩子无疑是沉重的打击，他不但会埋怨父母不理解他，甚至会觉得自己能力不行，即使努力了也不管用，会觉得自己特别笨，之后再让孩子努力，他就会有保留心态，不愿意全心付出去学习。

但是如果家长在孩子取得75分的时候，适当表扬孩子的努力，陪他一起指出自己的一些问题，并引导孩子解决，孩子会认为父母对自己的努力是认可的，虽然自己还存在一些不足，之后会尝试这解决这些问题，而非前文说的干脆放弃自己。这就是差别。要让孩子愿意好好学习，就要赋予孩子成就感，并不断通过学习来满足这种成就感。

此外，每个孩子多少都会对某些科目力不从心，这时候做父母的，在自己能力足够的情况下，要及时帮助孩子掌握这些知识。如果，父母同样力不从心的情况下，可以适时地给孩子请个家教，这有个前提，即孩子是自愿地接受家教帮助。反之，孩子不愿意接受，会适得其反，使孩子更加厌学。所以，找一个能被孩子所接受的家教也是很重要的问题。

综上所述，在引导孩子对学习产生向往之情时，家长需要做好以下几点：

1. 对孩子要有耐心

对于孩子来说，周围的世界是那样神秘、新鲜和美妙，他们的心中充满了好奇心和求知欲，他们总爱问"这是什么？""那是什么？"对此，家长不要嫌麻烦，应该保护孩子的这种好奇心，给孩子正确的引导和鼓励，耐心解答孩子的提问，最好不要说"你怎么这么多话呀，真烦人！""想当航海家，哈哈，好大的口气，你以为航海家是那么容易当的吗？"等伤害孩子自尊心的话语。

2. 虚心学习

孩子小的时候大都对父母十分崇拜，他们以为父母是百科全书，一有问题就去问父母。其实，父母也有许多不懂的知识，尤其是对于孩子的一些千奇百怪的问题，更是难以回答。如果父母遇到真的不懂的问题，可以明确告诉孩子，然后带孩子一起去找答案。告诉孩子知识的探索是无止境的，一个人永远都有学不完的东西，俗话说，活到老学到老嘛，而且自然界还有许多不为人知的奥秘，有待人们去探索。这样孩子就会对将来的学习产生向往之情。

3. 拥有一颗童心，用孩子的眼光看问题

有时，孩子提的问题十分幼稚甚至可笑，父母不要笑话孩子的无知，那样会让孩子很没面子。父母应以一颗童心，用孩子的眼光去看问题，分析问题，这样不仅容易理解孩子为什么会提出那种幼稚可笑的问题，而且还保护了孩子的好奇心。另外，在回答孩子的问题时，应根据孩子的理解水平尽量使用儿童化的语言，给孩子以满意的回答。

4. 鼓励孩子大胆提问，认真回答孩子的每一个问题

如用儿童的语言表达对问题的看法，认真倾听孩子的提问，这都是对孩子好奇心的最好支持，也是激发孩子求知欲的最好方法，孩子会感到父母很希望他提问，因而求知欲就更强了。有些家长认为，孩子的问题都没用，于是敷衍孩子，甚至把荒诞的、不科学的内容灌输给孩子，这种做法是极不正确的。作为父母，应该认真对待孩子的每一个问题，尽量避免给孩子错误的答案，让孩子对事物产生错误的认识。

总之，要想让孩子对学习产生向往之情，必须对孩子有一颗爱心，以关爱孩

子之胸怀保护孩子的好奇心。

塑造孩子的误区

当孩子问你问题时，总是敷衍过去，从不认真对待，或者告诉孩子一个极不科学甚至荒诞的答案。

孩子把自己的理想告诉你时，不是鼓励他通过好好学习来实现自己的理想，而是挖苦他，对他说："就你那学习成绩，还想成大器，还是老老实实做一个普通人吧！"

给父母的家庭作业

你的孩子向往学习吗？你平时注重这方面的培养吗？你是怎样让孩子产生对学习的向往的？

教子箴言

有位科学家曾说过：成功的真正秘诀是兴趣。学习兴趣可促进孩子在学习上获得成功，学习上的成功又可使孩子的学习兴趣更加浓厚；相反，如果孩子缺乏学习兴趣，就会缺乏学习的积极性和主动性，成绩肯定不会好。

教孩子在玩耍中萌发求知欲望

　　爱玩是孩子的天性，每个孩子的玩心都会大于学习的兴趣。如果孩子能像爱玩那样爱学习，那么他们在学习中将会感受到一种挑战和乐趣。其实，只要我们注意观察就会发现，大凡爱玩会玩的孩子，往往是那些对学习充满兴趣并乐于自动自发学习的孩子。因此，作为父母要这样理解孩子：玩耍，正是一个探索与认知的过程，孩子可在玩耍中生发求知的兴趣。我们应该懂得引导，让孩子在玩耍中打开智慧的大门。

实况回放

　　孩子在自然课中听老师讲了植物从种子到果实的过程，从中了解到只要有空气、阳光和水，一个有生命的种子就会在土壤中发芽、生根、长出茎叶，然后开花结果。这个问题深深地吸引了他，决心要实验一下。

　　于是他按照老师的介绍，从家里找了 4 粒又圆又大的黄豆，泡在一个浅盘中，并把它们放在有阳光的地方，等它们发芽。

　　一天清晨，孩子起床后，发现黄豆长出了嫩芽，高兴得蹦了起来。而你却十分生气，骂孩子："成天就知道玩，不去学习来玩黄豆芽，难道你以后想去种庄稼吗？"孩子听后脸上的笑容顿时消失，他不知道自己学种豆芽有什么错。

教子妙招

　　孩子不一定只有学习书本上的知识才是学习，种豆芽也是在学习，是在探索植物生长的奥秘，因此，父母应该支持。这位家长却在无意中毁掉了孩子探索世界的热情和对未来的希望，同时也许毁掉了一位未来的科学家。

　　我国著名亲子教育专家、成功学家董进宇先生认为，玩耍是儿童的天性，学习是人的本能行为。他提出：每个孩子都是从玩开始成长的，他们都是学习的天才，他们能玩出世界上最复杂的花样，也能学会世界上最难学会的汉语。这一切都来自于他们的兴趣和好奇心。

可见，强烈的好奇心能使孩子产生玩的冲动和学习的兴趣。而只有对学习产生了兴趣，孩子才能从学习中体验到快乐，才会热爱学习，并主动学习。好奇心是孩子敢于探索新知、敢于创新的动力。创造精神就像是一双巨大的翅膀，能带着孩子在知识的天空里展翅高飞。保护孩子的好奇心，就是保护孩子的未来幸福，就是让他们拥有了获得智慧的钥匙。

在现实社会中，为了让孩子达到家长心中主观设想的目的，有些教育观念陈旧的父母，强行要求孩子实现某种死板的学习目标，却不注意培养孩子的学习兴趣。他们把自己的主观意识强加在孩子身上，不让孩子做其他与课本、作业无关的事，只要求孩子成天面对书本，结果孩子学习成绩没提高多少，近视镜的度数倒是增加了不少。父母这样做束缚了孩子的求知个性，阻碍了孩子创造力充分而自由的发展。

作为父母，应该让孩子尽情地玩耍，并在玩耍中产生求知的兴趣。

1. 给孩子自己灵活运用的玩乐时间

爱玩是孩子的天性。一个孩子的主要任务是玩，趁孩子的脑部发育还没有停滞，可塑性还很大之前，尽量给孩子自己灵活运用的玩乐时间，给孩子足够的空间，发挥其想象力，这样更能增进孩子脑部的发育和四肢的灵活发展。自己发现的有趣尝试，造就的是创新者，而死记硬背别人告诉你的知识，栽培的是只会考试的好学生。家长朋友想一想，你是想让孩子成为创新者呢，还是成为只会考试的好学生？

2. 让孩子在"玩"中学到知识

孩子在玩的过程中，常能获得意外的收获。荷兰一家眼镜店老板的儿子拿着几块废弃的镜片与小朋友们一起玩，其中有近视镜片，也有老花镜片。他把近视镜片放在眼睛前，晕晕乎乎，什么也看不清，可举在离眼睛较远的地方，就能清楚地看到镜片后的东西。有个淘气的孩子，一下子拿了两个镜片，一只手中拿着近视镜片，另一只手中拿着老花镜片，并把它们一前一后放在眼前，这个孩子突然惊叫起来："哇，快来看，快来看，远处礼堂的尖塔好像就在我的眼前！"眼镜店老板的儿子把这一现象告诉了他的父亲，并亲自试验了一次。这一发现给了眼镜店老板极大的启发，后来，终于发明了世界上第一架望远镜。

家长们从望远镜发明的过程中不难发现，孩子在好奇心的驱使下，即使是"玩"也能学到知识。所以家长应积极创造条件，大胆地放手让孩子在玩耍中探索，开发孩子的智能领域，激活孩子的求知兴趣。

塑造孩子的误区

孩子年龄小，好奇心特别强，家长不但不保护孩子的好奇心，还轻易粗暴地毁掉孩子的兴趣和希望，随意铲除孩子最珍贵的求知萌芽。

只让孩子学习课本上的知识，不许孩子"玩耍"。

看到孩子玩，家长经常说："你每天怎么就喜欢玩？能玩出什么呀？"

给父母的家庭作业

在孩子对外界的探索中，往往掺杂着玩耍的成分。你经常鼓励孩子在玩耍中尽情探索吗？你是怎样鼓励并引导孩子玩耍的？

教子箴言

要想使孩子善于学习，就应培养其学习的兴趣。一句不经意的表扬、一道题的成功解答、一次偶然的经历都可能激发孩子对学习的浓厚兴趣。

第六章

点燃热情：
让孩子对学习充满自信

美国哲学家爱默生说："自信是成功的第一要诀。"厌学孩子的显著特点多是自信心欠缺，所以我们要学会激发自信心，给孩子创造体验到成功喜悦的机会，帮助他们找回自信。一次工整的作业、一次测验的点滴进步、一次瞬间的灵感、一次大胆的发言……都是孩子树立信心的机会，在学习上，父母都应该有意识地给自己的孩子创造这样的机会，多些鼓励和表扬，增强孩子的自信心。

尊重孩子的自主选择权

以孩子的发展为本，尊重孩子主体，就要尊重孩子在学习上的自主选择权。学习本身就是孩子自己的事，是孩子个体生命成长和发展的需要，自己的事理应由自己自主决定。传统的家庭教育把学习的主体完全置于被动的地位，毫无自主可言，更没有选择的权利。因此，我们提倡尊重孩子的自主选择权，就是重新确立孩子的主体地位，呼唤把学习的自主选择权归还孩子。孩子在学习中能选择、会选择，这本身就是一种创造性的表现。当他们拥有了选择、创造的自主权后，就会进入一种自由学习的王国，学习就变得自觉起来、积极起来、愉悦起来，孩子的个性也得到充分的发展，主体性得到真正的落实。这难道不是我们所追求的一种家教境界吗？

实况回放

学校要求学生报兴趣班，孩子回家对爸爸说："爸爸，我很喜欢画画，我要学画画。"爸爸坚决反对："你怎么会想到要学画画呢？不可以。学画画是一件很苦的事，还是学唱歌吧，唱歌多好呀，在台上表演多引人注目呀！爸爸喜欢唱歌！"孩子听后非常不高兴，赌气说："你喜欢唱歌你去唱吧，反正我要学画画！"爸爸无奈地摇头：孩子为什么不明白自己的良苦用心呢？

教子妙招

现如今，早早地为孩子选择几项才艺作为兴趣来培养，是很多父母认为正常的事。但是，兴趣和未来都是孩子自己的，请把选择权交还给孩子。

兴趣班应该由孩子自己做主，但也不能任由孩子说了算。做父母的一定要坚持两点原则：一是尊重孩子的兴趣，不能以自己的意愿代替孩子意愿。二是对于孩子提出的兴趣，父母要细心观察，判断孩子是否真的喜欢，还是图一时的新鲜，也可以请教专业人士后再做决定。

三百六十行，行行出状元。目前的教育体制培养的是全面型人才，对孩子的兴趣发展和潜能开发是严重束缚。现行教育体系可能唯一的优点就是给大山里的孩子提供了一个平等的机会。但对大部分孩子而言，他们失去的不仅仅是一个快乐的童年，还有人性中天才的那部分。

在许多发达国家，在小学，孩子们的主要任务就是玩，到了中学，才慢慢开始发掘并培养兴趣，到了大学，才开始根据自己的兴趣进行针对性的专业学习。这种教育模式与我们现行的教育模式有着天壤之别，但基于我国的现状及文化传承，我们目前想不出更好的解决办法。我们没办法改变教育体系，但对家长来说，我们可以改变自己，不要再给孩子加压，不要让孩子们从小就开始浮躁和急功近利，让他们有一个尽可能轻松快乐的童年，让他们能根据自己的兴趣爱好选择自己的未来。

让孩子有轻松快乐的童年，不等于把孩子放任自流。当今社会是一个多元的、开放的信息时代，各种观念、各种思潮甚嚣尘上，但是，只要孩子们具备了独立思考、判断真伪的能力，我们还有什么不放心的呢？反过来说，如果孩子不具备这种能力，即便从小是个乖宝宝，长大踏入社会，也很快会人云亦云，迷失自我。所以，我们从小要培养的就是孩子的独立思考能力。既然想培养孩子的独立思考能力，就得允许孩子犯错，孩子的一些想法或习惯，你如果希望他改变，最好别强迫他改变，其实越强制抵触情绪会越重。孩子会自我修正，这需要给他时间，这样走出来的孩子至少将来自我修正能力会很强，依赖心理会比较弱。

人们常说，成功在于选择！天才之所以成为天才，就是因为他们自主地选择了一条最适合自己发展的道路。一个人的快乐和他是否从事感兴趣的事有很大关系。一个人如果所从事的是自己真正喜欢的事情，那么做起事来就会更加有动力、有激情，也能将事情做得更完美。家长如果强迫孩子去做他不愿做的事情，孩子不但情绪不好，而且做事的效率也很低。因此，我们要善于给孩子自主选择的权利。

孩子将来进入社会后，要自己决定自己的行业，自己的合作伙伴，自己的老板，自己的公司……每一天孩子都将面临选择。因此，家长应从小培养孩子自主选择的能力。只有这样，才能让孩子在将来的社会里立于不败之地。那么，做父母的应该如何培养孩子独立自主选择的能力呢？

1. **相信孩子有能力处理好自己的事**

每个孩子都希望家长信任他们，凡事都想自己去尝试。所以在处理孩子的事时，不要总想着自己帮孩子解决，应相信孩子有处理好自己的事的能力，多让他自己去尝试。多对孩子说"你能行！""你是最好的！""没有什么事能难住你！"来鼓励孩子，让孩子对自己更有信心。

2. **教孩子养成"自己想办法"的习惯**

让孩子从小养成自己解决自己的事情的习惯，让他明白，自己的事情自己做，在学习中遇到困难别动不动就让家长帮忙。家长可以帮助孩子分析，给孩子以提示或引导，最终还是由孩子自己来完成。

3. **把选择权交给孩子，让孩子成为自己的主人**

家长应把选择的机会留给孩子，让孩子学习独立决定。有些事情家长只需提供建议，但是最后的决定权还在于孩子自己。随着孩子的成长，由他自己决定的事情会越来越多，虽然孩子有时的决定结果并不会给他带来满意的答案，但是他们从自己错误中得到的会比从家长正确的指导中学到的东西要多，对他们的成长来说，这是一笔很重要的财富！

4. **对孩子多指导，少批评**

家长不要事事指使孩子，不要常对孩子说"吃完饭马上去写作业！""做完作业再背背英语单词！"等，最好是先与孩子沟通，征得孩子同意后再让孩子去做。比如对孩子说："今天老师留了作业，你是不是吃完饭去写作业呢？""你还有几个英语单词没背会，要不写完作业再背一会儿英语单词好吗？"这样孩子会十分情愿地完成自己要做的事情。

5. **不要用太多规矩限制孩子的自由**

应该让孩子去做他自己喜欢做的事，让他拥有一片发挥的天地。如果孩子喜欢做的事对他的健康成长不利，就用"共同决定"的方法诱导他。例如孩子喜欢玩电脑，父母最好不要对孩子说"不准玩"，而是应该告诉孩子，如果你的学习成绩提高了，或是功课做完了就可以玩，但是一周只能玩两个小时。

塑造孩子的误区

过多地插手孩子的事务，凡事都包办代替，剥夺孩子自己的选择权，觉得自己为孩子安排的路是通向成功的最快捷有效的路。

把自己未实现的理想寄托在孩子身上，让孩子去帮你完成。

干脆做"甩手父母"，对不利于孩子健康成长的选择不闻也不问。

给父母的家庭作业

给孩子更多自主选择的机会，会让孩子对自己更加有信心，你经常给孩子自主选择的机会吗？你是怎样培养孩子独立自主选择的能力的？

✎ 教子箴言

给孩子一点权利，让他自己去选择；给孩子一个空间，让他自己去摸索；给孩子一个条件，让他自己去锻炼，会让孩子对自己更有信心。

信任是孩子自信的源泉

　　信任能让内在的潜能激发出来，从而发展出信心和能力；信任能让孩子更愿意呈现出美好之处，从而发展出美好的品质；信任能带来放松和坚定的感觉，从而激发出从容自在的活力。父母从小给予孩子充分的信任，孩子就会发展出这些能力和品质，得以体验内心的自在和快乐。情商专家认为：信任孩子能够激发出孩子的内在力量，孩子会在这种信任中感到更安全，更有信心。

实况回放

　　早晨上学出门的时候，孩子高高兴兴地对你说："妈妈，今天要考试了，我一定考个100分回来！"你满脸疑惑地说："你能行吗？你可从来没有考过100分哟！"孩子惊讶地问："妈妈，难道我只能考80分吗？"而这时，妈妈则搪塞道："好！你能考100行了吧！赶紧上学去，不然要迟到了。"孩子不满意地走了。结果考试成绩出来时，孩子真考了80分，而这时妈妈则又对孩子说："怎么样，让我说中了吧！"孩子听了，默默无语。从此以后孩子的成绩也越来越差。

教子妙招

　　大人都有这样的感觉，当自己被充分信任时，浑身上下会充满力量，有很强的动力去主动寻求解决问题的办法，而且相当自信。孩子更是如此，孩子是通过成人的反应来认识自己、了解自己的。如果得到的反馈是自己值得信任、有能力的，那么孩子会唤醒内在的资源去发展这样的能力，自然而然就形成了自信和解决问题的能力。

　　信任是自信的源泉，一个人之所以自信是因为他获得了他人的信任；而一旦失去了他人的信任，其自信心也必将受挫。你的孩子之所以成绩那么差，就是因为你没有给他充分的信任，因而，孩子缺乏自信心。试想，如果孩子对你说自己要考100分的时候，你对他说："你一定能行，妈妈相信你！"那么孩子一定会满怀信心地参加考试，考出一个好成绩。

有句家教格言说：有什么比孩子的自信更能使他走向成功呢？

每个人都希望自己是被信任的，孩子尤其希望被自己的父母所信任。在孩子的学习过程中，孩子的自信源于父母的信任。

信任，在孩子表现好时容易做到，而在孩子的表现不尽如人意时，父母往往感到失望，失去信任的原动力。其实，这时孩子更需要父母的支持，如果这时父母能鼓励孩子，表现出信任的言行，那么这就如给孩子注射了一剂强心针，使孩子浑身充满力量，更加努力地去取得更好的成绩。信任孩子该从哪些方面做起呢？

1. 相信孩子的美好品性

如果孩子出现不说实话、打人等应对方式，父母首先要明确这与孩子的品性无关，只是他在压力下的应对而已，要先了解原因，看看孩子的压力来自哪里，并进行适当调整。很多时候，压力源改变，孩子这些应对方式会自然而然地消失。家长在跟孩子的沟通中，注意"对事不对人"的原则，一定不能贬损孩子的人格。在这方面，学习带着爱给孩子立界限会有很大帮助。

很多家长对于孩子的未来会有这样的担心，特别是身处竞争激烈的社会环境中。他们根据自己的经验，认为孩子需要上好学校、拥有高学历、擅长与人打交道、多才多艺、全面发展，这样才能将来生活得更好。这个出发点是好的，但是立足于当下才是根本的解决之道。在当下关注孩子的内在，帮助孩子成为他们想要成为的样子，充分体验当下的快乐，那么无论将来孩子是否成功、优秀，生活在何种境遇下，他们都可以坦然做自己，生活在幸福中。

2. 从关注孩子未来的成功转向当下的快乐

首先，要相信孩子只要内心健康快乐，在任何环境下都会生活得很好。孩子天生就有很强的学习能力和愿望，只要不被强迫，他们是很愿意学习自己感兴趣的东西的。

其次，要了解游戏是孩子学习的最重要的渠道。儿童情商发展学研究表明，孩童时期，相对于认知学习而言，通过真实游戏学到的东西对孩子的帮助更大。因此，家长要给孩子留出充足的游戏时间。

最后，关注孩子当下的感受。如果我们的孩子都生活在未来，那么体验最多的就是焦虑。如果我们在尽力给孩子提供自由成长空间的前提下，去理解并接纳被迫时的不情愿和无奈、失望等感受，孩子的感受会好很多，也就更容易接受原本不喜欢的事情，甚至从中找到乐趣。

3. 对孩子的信任应从小事做起

亲子之间的信任往往可以从小事开始。现在我们看到很多孩子不喜欢动脑筋想问题，在学习中一遇到难题就去问家长，很多作业都是家长在一旁帮着做的。其实大部分的孩子一开始的学习兴趣很浓，你一定记得孩子刚刚入学时背着新书包走入校园内的情景吧！可后来孩子为什么就不爱动脑筋了呢？这些往往是因为家长的"不信任"，不给孩子动脑筋的机会。比如，孩子做作业的时候，家长总担心他不认真做，于是坐在一旁监督，并一个劲儿地对他说："好好做，有不会的问妈妈（爸爸）！"久而久之，使得孩子对自己没有信心，总是依赖别人，一遇到稍微难的题就把"救兵"搬出来，对自己一点儿信心都没有。

4. 一定要兑现对孩子的承诺

亲子间的互动是以"信任"为基础的，父母如果对孩子承诺做什么事情，一定要兑现，因为孩子是信任父母的，如果你认为孩子还小就随便找个理由搪塞过去，忽视自己的承诺，孩子就会认为："你每次答应的事都办不到，我再也不相信你了！"想想这对孩子的伤害会有多大呀！

5. 多给孩子尝试的机会

平常生活中，家长不妨放开手，让孩子自己去学习，多给孩子尝试的机会，这样孩子才能知道怎么学习。比如，孩子要洗自己的鞋子时，父母如果说："你还小，不会洗鞋子，让我来吧。"那孩子就会认为自己真的很小，学不会洗鞋子，因此就不去洗了。可如果父母说："你已长大了，一定可以洗干净！"孩子一定会高高兴兴地去洗，慢慢就学会洗鞋子了。学习也是一样的道理，只要父母给孩子尝试的机会，孩子一定会通过自己的努力学会的。信任孩子并让他自己去尝试，不但能让孩子知道父母是信任他的，同时也赋予了孩子"责任感"，这样的亲子间互相信任才是长久的相处之道，孩子也会由于父母的信任而对自己更有信心。

6. 坚信每个孩子都能成为最好的自我

世界上没有两片完全相同的树叶，甚至连雪花也没有完全相同的。因此，每个生命更是独一无二、无可比拟的。

作为父母一定要坚信每个孩子都能成为最好的自我。要学会欣赏孩子，看到孩子身上的优点和美好的前景。

信任可以产生意想不到的力量，父母的充分信任会使孩子自觉地进行自我约束、自我监督。因此，在学习方面，父母一定要相信孩子的能力，给予孩子充分的信任，让孩子从心里感觉到："我能行！"促使孩子增强自信心，孩子在这种自信心的驱动下，会自觉主动地探索新的知识，从而取得学习上的成功。

塑造孩子的误区

看到孩子考试成绩不好，不先问明原因就大发脾气，断定孩子不努力学习。

当孩子考试不理想时对孩子说："这孩子真笨，就考了这么点分，考大学肯定没指望了！"

当孩子成绩提高时，对孩子说："这是你自己的成绩吗？是不是抄同学的？"

当孩子考试恰巧遇到父母和孩子一起学习的内容，从而成绩好时，说："嘿嘿！要不是父母的帮助，你能考这么好吗？"

给父母的家庭作业

每当考试过后，常常听到父母训斥孩子："你是怎么学的？这么简单的问题都不会！"当你的孩子考试不理想时，你会相信孩子的陈述和解释吗？你会不会怀疑孩子贪玩而不用功或者怀疑孩子智力有缺陷？

教子箴言

自信心可以将孩子的一切潜能都调动起来，将各部分的功能发挥到最佳状态，伴孩子一步步跨入成功的大门。孩子需要自信就像种子需要阳光，种子没有阳光不能成活，同样，孩子没有自信，学习就不会成功。

呵护孩子的自尊心

计划生育政策实施以来，很多孩子都是独生子女。从孩子生下来的那一刻起就成了多位大人手心的宝贝，真的是拿在手里怕掉了，含在嘴里怕化了。孩子生活在这样的环境里，往往都会有较强的自尊心。那么，家长如何呵护孩子的这份自尊心呢？

实况回放

放暑假后，阳阳的妈妈带着阳阳到乡下舅舅家做客，阳阳自认为自己是从城里回去的，又能歌善舞，因而十分自信，没想到舅舅家的儿子是班里的学习尖子，每年都被学校评为三好生，墙上挂满了奖状。阳阳的妈妈看到那么多的奖状羡慕得不得了，当着众人的面严厉地对阳阳说："你看哥哥，多聪明呀！得了这么多的奖状，再看看你，真是笨！"阳阳看到哥哥那满墙的奖状，心里本来就感到很不自在，听妈妈这么一说，更是无地自容，觉得自己什么都不如哥哥。其实阳阳也很优秀，唱歌、跳舞样样都行，在学校里经常参加演出，妈妈为什么就不拿孩子这些优点和哥哥比呢？

教子妙招

孩子的心灵是最纯洁，也是最脆弱的，很容易受到伤害。自信的产生和培养不像我们想象的那么简单。我们常常看到这样的事例：一个很自信的孩子，因为遇到了比他更强的孩子，他原先的自信竟会在瞬间崩溃。阳阳的妈妈在众人面前说孩子笨，很伤孩子的自尊。

自尊是自信的沃土，是自信的温床，如果孩子的自尊心受到打击，那么他的自信心也一定很容易丧失。任何人都有自尊和被人尊重的需要，孩子也不例外。而自尊、被人尊重，是产生自信心的第一心理动力。因此，孩子的自信需要用自

121

尊去呵护，作为家长，应该注意呵护孩子的自尊心。

1. 做孩子的庇护者

当孩子处境艰难，再也无法忍受了，没有任何力量继续佯装坚强或坚持勇敢，自尊心受到伤害的时候，家长要及时挺身而出，给他一个藏身之所，做他最后的庇护者。家长要让他放下所有的戒备，全身心地接受他、相信他，让他卸去重负，获得休养。

孩子能够被家长庇护，是对他自尊的维护。妈妈保护孩子的脆弱，让他能够疗好伤，重新披上坚强的盔甲。例如：孩子经历了极不愉快的事，他请求家长原谅，家长就应该接受他抛来的橄榄枝，并尽力忘掉整个事情，给孩子最好的心灵庇护。

2. 明确传达对孩子的爱与支持

呵护孩子的自尊心，家长要大声说出对孩子的爱，要经常表示对孩子的理解、支持。家长要做一个情绪观察员，及时察觉孩子脆弱的一面，给他别人所不可替代的爱与支持。

父母一直忙于跟邻居小米聊天，还把小米搂在了怀里。儿子小同突然从后面狠狠地打了小米一拳，吓了她一跳。她本想责骂他一句，可看到儿子看小米的眼神，妈妈一下子明白了：儿子是嫉妒他的同伴，他也需要妈妈的爱。

妈妈温和地说："儿子，快过来，让妈妈抱一抱吧。"小同马上就听话地、幸福地依偎在了妈妈怀里。

孩子常常拐弯抹角地寻求妈妈的爱，他们不愿意表现得过于软弱，让人觉察出他们的需要。父母别忽略了给予孩子的爱，而且要直接、明确地给予他，这样孩子才能感觉到支持，感觉到温暖。

3. 尊重孩子的人格

孩子渴望被尊重，首先是被家长尊重。尊重孩子，就不应对孩子说有辱人格、有伤自尊的语言。比如"你真没出息""你这辈子可完了""你长了个猪脑子""早知你这么傻，当初就不要你了""就考这么点分，丢死人了""现在不好好学习，将来看你能干什么"之类的话。

4. 帮助孩子成功，经常鼓励孩子

任何微小的成功，都能增强孩子的自信。一个孩子，当他写好一个字，做对一道题，得到一面小红旗时，心里都有一种成功的喜悦感，会期望自己下一次做得更好。家长最好能给孩子帮助，让孩子有点滴的成功体验，使孩子在每次小小的成功中，不断积累自信。

5. 帮助孩子找出自己的优点

当孩子因为看到别人的学习比自己好而丧失自信时，家长应帮孩子找出他自己的优点，告诉他："你很聪明，不比别人差，经过努力一定能赶上的！"

6. 鼓励孩子发展自己的特长

每个孩子都有自己的特长，家长可以通过鼓励孩子，培养个性，发展他自己的特长，并帮助孩子找回自尊，找回自信。

不要拿别人的长处与自己孩子的短处相比。每个孩子各有特点，父母最好不要拿别人的长处与自己孩子的短处来比，更不要以此否定自己的孩子，尤其对要强的孩子更要注意。

7. 教会孩子做最好的自己

孩子在遭受挫折和失败的时候，是最容易失去自信的。比如，当孩子考试没考好，他可能会妒忌同学，一味指责自己，从而丧失自信。遇到这种情况，家长应该教会孩子只同自己争胜，只要自己努力了，比昨天有了进步，就可以为自己感到骄傲，也就是"做最好的自己"。

总之，要想帮助孩子建立自信心，父母应先学会尊重孩子，帮助孩子找回自尊心。这样，孩子才会逐渐学会自我尊重，从而培养孩子良好的自信心。

塑造孩子的误区

在众人面前揭孩子的短，让孩子觉得自己很丢面子，以为这样能激发孩子好好学习。

拿自己的孩子与班里第一名相比，经常训斥或责备孩子学习成绩差，对孩子说："你们班的第一名考得那么好，你呢，考了那么点分，笨死了！"

只是让孩子跟他人比，而很少让孩子跟自己比。

给父母的家庭作业

　自信心需要用自尊来呵护，如果孩子的自尊心经常受到伤害，那么他的自信心也必定丧失。你平时注意保护孩子的自尊心吗？你是怎样呵护孩子的自尊心的？

教子箴言

　　如果你的孩子有一个良好的心态，那么他在做任何事情，包括学习时，都会充满巨大的热情和兴趣，诸如自动自发地学习、自动自发地守纪、自动自发地做事等就会形成习惯。

第七章

合理引导孩子

在生活中，常常有家长报怨：孩子学习不自觉，成绩不好还不知努力，大人不看着就不去学习，布置了功课总是拖拖拉拉地磨洋工，急了就瞎写一气……

　　究其原因很大程度是学习习惯造成的。日积月累下来的不良学习习惯，造成孩子学习越发被动，也就更不愿意学习。为此，家长要想今后能轻松一些，就帮孩子迈好学习的第一步，从上学那天起就好好培养他们自动自发学习的好习惯和能力。

调动孩子学习的积极性

　　积极向上的态度是孩子学习的驱动力，家长应充分调动孩子的积极性和主动性。这是家长一项重要的工作，只要把这项工作做好了，孩子就会积极主动地学习了。

　　要调动孩子的学习积极性，重要的是帮助孩子获得成功感，当孩子在学习上不断获得成功的时候，他就会感到快乐，也就会更爱学习。比如学外语，不妨向孩子学习，拜他为师，这也会极大地提高孩子的学习兴趣和认真学习的程度。同爸爸妈妈一道学，教大人学英语，都会使他高兴，但是，家长要安排好时间，最好每天一刻钟，坚持下来，以表示认真和诚意才好。实践证明：轻松愉快的学习，能充分调动和发挥孩子的学习兴趣、积极性和潜能，从而能增强记忆效果，掌握运用外语的能力；反之，呆板、枯燥、紧张的学习，只能抑制思维活动，降低学习效果。

实况回放

　　"快去写作业吧！"妈妈又开始催孩子学习了，这句话她每天不知要说多少遍。

　　"好吧，妈妈，我看完这个动画片就去写！"

　　不一会儿，妈妈又开始大吼道："动画片早已完了，你怎么还不去写作业呀？"

　　"再等一会儿，我马上就去写！"

　　孩子嘴上说去写作业，可屁股坐在沙发上一点儿都没动，妈妈终于发火了，怒吼道："再不去写作业我把电视砸了，让你永远看不到电视！"

　　见妈妈真的发火了，孩子才不情愿地走进自己的房间，关起房门开始玩自己的玩具，妈妈发现后非常生气，大声哭叫道："你怎么这么不争气，我不要你了!"

教子妙招

孩子不能积极主动学习的原因有很多，比如：家长对孩子要求过高，孩子难以达到，从而对学习失去信心；家长对孩子表扬鼓励少，批评指责多，甚至打骂孩子，使孩子对学习失去兴趣；等等。

孩子在学习主动性方面可能有四种情况：一是自觉主动地学习，不用别人督促就能主动而出色地完成学习任务，积极主动地去求知；二是在家长或老师的督促下，能立刻行动起来，把学习做好，这样的孩子能够在学业上取得进步，但不一定是优秀的；三是在家长或老师督促几次后，才会去学习，这种孩子往往把学习看成是一种负担，学习成绩比较差；最后一种情况也是最糟糕的一种，这种孩子在家长或老师的逼迫下才去勉强学习，他们学习完全是为了应付家长或老师，学习对他们而言，是一种痛苦，他们的学习成绩当然很难提高。

可见，孩子学习的积极性和主动性直接影响他的学习成绩，要想让孩子学习好，家长应从小培养孩子学习的积极性和主动性。下面介绍几种培养孩子自主学习的方法，希望能对各位家长有所帮助。

1. 培养孩子的学习兴趣

有些孩子觉得学习是一个值得玩的有趣的游戏，这类孩子对学习有浓厚的兴趣，学习积极性和主动性很高。还有些孩子总认为学习是一项非常艰难且令自己讨厌的事，对学习毫无兴趣，因而他们不愿意学习，要不是家长督促，才不情愿拿起书本学习。这类孩子非常需要家长的帮助，当然这里所说的帮助并不是不时地催促孩子去学习，而是帮助孩子重新寻找和发现学习中的乐趣，让孩子树立起学习的兴趣。也许有的家长会想，学习本来就是一件比较枯燥的事情，怎么能找到乐趣呢？那可不一定，比如：孩子在学习数学时，会觉得一个又一个的公式很烦琐，演算起来也很困难。这时，你可引导孩子想到数学中有很多规律，规律之间互相联系，组成许多新的规律，让孩子为学到新的知识而高兴。总之，家长应尽量引导孩子去发现学习中的乐趣，引导孩子遇事都去想它的积极一面，这样，就会发现学习以及很多其他事情都是有趣的。孩子只有学会善于发现学习中的乐趣，才会对学习感兴趣，学得更好。

2. 给孩子更多自己的空间

现在的家长都希望自己的孩子将来能有出息，对孩子寄予很高的期望，这无形中给孩子的学习增加了压力，使孩子感觉到自己总是背着包袱学习，学习起来很不轻松。因此，建议家长们不要过多地"管"孩子，让他们做自己想做的事情，给孩子更多属于自己的空间，让孩子甩掉包袱，轻装上阵！

当然，给孩子更多自己的空间，并不是说就再也不跟孩子沟通，对孩子放任不管了。当孩子在学习上确实有困难或者有一些错误的想法时，应多与他沟通，这种沟通不应该是训斥，而应该是像朋友一样帮助他解决问题。

3. 让孩子掌握主动权

家长在与孩子一起学习时，可让孩子提些问题，并规定他们提出的问题要有深度，有兴趣。让孩子提问，家长来回答，这样，孩子就会绞尽脑汁地去想问题，在学习中掌握了主动权，大大调动了孩子学习的主动性、创新性和参与性。

4. 培养孩子的质疑能力

俗话说得好，学问学问，一学二问。科学家爱因斯坦在回答他为什么可以有所创造时说："我没有什么特别的才能，不过是喜欢刨根问底地追究问题罢了。"他甚至认为，提出问题比解决问题更重要。学就是学习问问题，学怎样问问题。可见，培养孩子的质疑能力对孩子的学习大有帮助。家长与孩子一起学习时，应创造宽松和谐的学习气氛，支持和鼓励孩子对不明白的问题大胆质疑、争论，使孩子不但会生疑、敢质疑，而且善于质疑、习惯于质疑。只有孩子有了质疑，有了问题，才可能有学习的积极性，才能在学习上有所进步。

塑造孩子的误区

孩子考试不及格，指责他："你怎么这么笨！这么简单的题目都不会做，以后肯定考不上大学！"

一味地阻止孩子玩耍，迫使其回到书桌前学习。

经常给孩子留很多作业，测试孩子的学习情况，甚至"监视"孩子的课余生活等。

给父母的家庭作业

长期被动的学习对一个人的发展是非常不利的，如果孩子学习总是处于被动状态，便不会有很高的创造力和独立能力。你经常督促你的孩子去学习吗？你是怎样调动孩子学习的积极性和主动性的？

教子箴言

自觉主动地学习，是知识经济时代的必然要求，是未来世界对孩子的呼唤，是挖掘孩子潜能的最佳途径。

换种方式看待孩子的成绩

成绩与成长相比，成长是第一位的，分数是第二位的。当前，我国 99% 的家长最高兴的事是孩子成绩好，最不高兴的事是孩子成绩差。孩子成绩好，家长喜笑颜开，全家开心；孩子成绩不好，家长眉头紧皱，全家笼罩着一层阴云。因此，从某种程度上说，孩子的成绩已牵动着千家万户的心弦，成为家庭和谐的晴雨表。为了让孩子提高成绩，不少家长不惜花血本请名师、择名校，可是结果却常常事与愿违，没有功劳，只有苦劳和疲劳，花费了大量的人力、财力，换来的是家长与孩子的身心憔悴，家庭的幸福指数没有上升反而大幅下降。

家长应怎样关注孩子的分数？这是一个值得探讨的问题。

实况回放

"妈妈，你看，这是我今天画的画。"孩子拿着手上的画给下班接自己回家的妈妈。"你画的这是什么啊？怎么这么难看！"妈妈不屑地对自己的孩子说。听到妈妈这样说，孩子低下头再也没说一句话，就跟着妈妈回家了。

教子妙招

很多时候，家长不经意的一句话，都会触动孩子稚嫩的刚刚破土而出的信心的幼芽，让孩子变得自卑，不再敢去尝试和探索自己喜欢的东西，因为在他幼小的心里已经有了这样一种看法，那就是我什么都不会做，什么都做不好，就连自己的爸爸妈妈都觉得我什么都做不好。很多家长都没有注意到，其实孩子更需要鼓励，需要最亲近的人用赏识的眼光去为他们加油。也许在你的心里，孩子的画确实不怎么样，孩子的成绩确实不是你理想中的成绩，但是，这不等于孩子永远都做不好。面对孩子的成绩，你需要做的是耐着自己的性子，隐藏自己的不满，鼓励孩子，并由衷地欣赏孩子的这种敢于尝试的精神。这样你才不会因为自己的不满扼杀了孩子的积极性，而你也不会因为你的一句话扼杀了将来会在某个领域成为一代精英的自己的孩子。

任何人都有自己的精神需要，你的孩子也一样，他需要生活在充满赞美的世界里，让自己不确定的自信逐渐成长为一颗足够照亮自己人生之路的璀璨的红星，需要在赞美的世界里，找到自己今后要走的路，而你，作为他的家长、他最开始的启蒙老师，你唯一能做的就是在他成长的过程中给他一个支点。假若他生活的世界里只有批评，那么他就只会自责，并变得自卑，甚至发展成自闭。孩子的世界永远充满着神奇的幻想，但这种幻想需要你去支撑它，使它变成现实。

1. 家长要摆正心态

家长要以一颗平常心来对待孩子的分数。一个家庭把自己的幸福建立在孩子的成绩上是不正常的。家长要摆正期望的天平，胜败乃兵家常事，有的家长孩子考得好时就把孩子捧上天，孩子考得差时就把孩子踩在脚下，前后截然不同的态度会让孩子心理失衡。有的孩子成绩差，家长张口闭口就骂，不是骂"笨蛋"，就是咒将来干最下贱的活，孩子在高压力下学习，会使孩子丧失对学习、生活的兴趣，严重损坏了孩子的身心健康。

家长要摆正心态，必须要穿过"分数"的迷雾，家长为何狂热追求好成绩？他们看来有两个隐含的推理：成绩好→考上好大学→好工作→好前途；成绩差→考差大学（或考不上大学）→差工作（或失业）→差前途。实际上这两个推理并不一定成立，在我们的周围，差生走上社会后前途并不差。爱迪生、爱因斯坦都曾是"差生""问题儿童"，可是他们的成就举世瞩目。要学会辩证分析问题。

2. 家长要掌握分析成绩的方法——看涨看跌抓趋势

从单科来看，要把前后几次成绩纵向比较系统分析，还要与班级其他学生成绩横向比较，可以看出这门学科成绩的发展趋势上升、下降或升降振荡不定。还要找出本学科薄弱的知识点、技能点及薄弱章节。从整体来看，把多次总体成绩进行比较，就可以找出优势学科、弱势学科，可以制订保优强弱的策略，找到增长的路线、提升的空间。

当孩子的单科成绩下降幅度较大时，家长要适时与孩子沟通，找到外在原因与内在因素，激励孩子，而不是训斥孩子，防止孩子产生厌学情绪。

当孩子的总体成绩下降剧烈时，家长一定要重视这个信号，这表明孩子学习不在状态，对于青春期的孩子来说，早恋、网瘾、痴迷武侠言情小说、打架斗殴等不良因素会使孩子分心，这时候家长要沉着冷静，尊重孩子，不要逼孩子，不要刺探孩子隐私来了解情况，要让孩子主动说出心理困惑，及时帮助孩子解决成长的苦恼。帮助孩子找到拐点，总结成功的经验和失败的教训，提高孩子成绩的整体实力的上升。

3. 刷新观念，实现两个转变

首先，由关注结果向关注过程转变。两个孩子，甲每天花一个小时复习英语，乙每天花 30 分钟复习，结果期末考试都考了 100 分。如果甲和乙都是七年级新生，刚接触英语，单从考试成绩上来看，甲和乙没有区别，但学习过程有很大的区别，乙的学习效率比甲高，看成绩还要看投入与回报的比率。甲每天复习一小时，集中复习，乙早、中、晚各花 10 分钟复习，英语这门学科用零碎时间分散复习效果更佳。英语是一门记忆性很强的语言学科，多次重复利于记忆。良好的学习习惯、学习方法，浓厚的学习兴趣是永葆学习活力的源泉。没有好的方法、习惯，也能取得好成绩，但这种好成绩来自高投入、高消耗、低产出，这种消耗战是以牺牲孩子的身心健康为代价的。其次，从关注成绩向关注成长转变。

成长的过程中没有分数不行，但分数也不是万能的。如果为了片面追求好成绩，孩子没有周末，没有朋友，没有业余爱好，没有健康的心理，这种成绩又有何用？成人永远是第一位的。高分低能、高分低德并不是成长。对于成绩好的学生，我们也要关注其成长，"一俊遮百丑"，我们常常误认为成绩好，孩子就会快乐、就会身心健康。有的家长急功近利，认为天天坚持锻炼身体充其量也不过是四肢发达、头脑简单而已，兴趣爱好再好，也只不过是装饰品，中考、高考还是看成绩，这些不能算分数。

塑造孩子的误区

当孩子的考试成绩不理想时，大多数家长不能正确对待，往往是愤怒和忧伤，对孩子的成绩作出强烈的反应。情绪表现为粗暴、冷淡、挖苦、讽刺。

在追查成绩原因的过程中，父母态度粗暴，使孩子不敢说真话，养成搪塞性回答。

给父母的家庭作业

如果你的孩子有几门功课不及格，你是否发怒、忧虑？你是否平心静气地在孩子的成绩单内"发掘"亮点并及时给予赞赏和鼓励？孩子是否有因为你的指责，而丧失努力学习热情的苗头？

教子箴言

自觉主动地学习，就是不用他人督促和要求，积极主动地探索求知，这是孩子成才的先决条件。

帮助孩子树立正确的学习观念

"学习"是中国的父母面对孩子使用频率很高的一个词汇之一，这个词往往在孩子 5 岁以后开始逐渐成为父母与孩子永远沟通不完的主题。孩子如果不具备正确的学习观念，即使学习成绩再优秀，能力也不会很高。因此，家长应帮助孩子树立正确的学习理念，让孩子学有所用。

实况回放

孩子又在对着书本发呆了，他总是这样，一拿起课本就像个"木头人"似的，妈妈发现后过来提醒："又开小差了？快写作业吧！"

孩子天真地问妈妈："为什么只有小孩子才学习呢？我什么时候才能长大呀！到那时我就不用学习了。"

妈妈见孩子天真的样子，本想说人要"活到老，学到老"，可又怕孩子对学习失去信心。假如孩子听妈妈那样说，也许会想："天哪，一直要学到老，这辈子可没有出头之日了，我干脆不学了！"这样可就麻烦了。

为此，妈妈也很苦恼，不知该如何对孩子说。

教子妙招

许多孩子都存在"长大后就不用学习了"这样的心理，他们希望尽早摆脱学习。对于这类孩子，家长应及早帮助他们树立正确的学习观念，不论你的孩子学习成绩是否优秀，都应具备正确的学习观念。那么家长应该如何帮助孩子树立正确的学习观念呢？

1. 让孩子明白人为什么要学习

时代的发展给每个现代人提出了高标准的素质要求——认知、做事、合作、生存等。这包括智能、品德、身体、心理多方面素质的和谐发展，人要有知识、文化，这是其中最重要的素质，家长应让孩子明白这个道理，帮助孩子树立科学学习的观念，并且认真地参与到学习中去，使孩子成为掌握知识的"能手"。

2. 让孩子树立终身学习的观念

学习是一个终身的过程，古语说："活到老，学到老。"知识每年正以几十倍的加速度在更新。孩子在学校里所学到的知识不可能一劳永逸，不会为未来准备好一切，因此应让孩子树立终身学习的观念。

3. 帮助孩子树立在实践中学习的观念

学习不可能局限在学校范围内，在任何时间、任何地方、任何活动中都包含学习的概念。学习机会、学习条件、学习环境因人而异，随时都可以出现，随时都可以创造。家长一定要引导孩子抓住学习机会，为孩子创造学习条件与环境，鼓励孩子在实践中学习。

4. 协助孩子确定长远而清晰的学习目标

很多孩子认为学习就像在一个环形跑道上跑步，只要自己拼命跑就行了，他们常常忘记了学习的目的。家长最好能够对孩子进行定期的理想教育，使孩子把目前的学习和未来的理想联系在一起，从而严格要求自己。

5. 不要过分注重孩子的分数

当你的孩子学习成绩不理想时，不要指责，更不要气馁，应用理性的话语鼓励孩子，如："学习是一项长期而艰巨的任务，只要努力，成绩一定会提高的。现在你的成绩只是暂时的，我相信你通过努力一定会有所改善的。"家长应相信自己孩子的能力。

6. 鼓励孩子尝试新事物

不管是成功还是失败，只要孩子敢于尝试新事物，家长就应该为孩子的勇气喝彩。因为孩子的行为本身就体现了他敢于冒险、勇于面对挑战的品质。如果孩子遇到失败，家长应该帮助孩子分析原因，总结经验教训。对于孩子的每一点成功，家长都应该感到欣慰并给予充分肯定，这样，孩子才能从家长身上汲取到前进的力量。

7. 为孩子营造一个良好的家庭学习环境

家庭的学习环境是表现家长学习态度的无声语言。家长可以通过这个无声的语言将自己对学习重要性的看法传达给孩子，影响孩子对学习的看法。

塑造孩子的误区

经常对孩子说："你现在好好学习，等考上大学就不用再这么用功了。"

只重视孩子的考试分数，不重视孩子的学习过程和学习能力。

给父母的家庭作业

你的孩子是否具备正确的学习观念？你是怎样帮助孩子树立正确的学习观念的？

教子箴言

一个孩子，如果不具备正确的学习观念，即使学习成绩再优秀，能力也不会很高。因此，家长应帮助孩子树立正确的学习观念，让孩子学有所用。

协助孩子制订可行的学习计划

学习不是一蹴而就的事情，而是一场持久战，因此切实可行的计划是非常必要的。没有切实可行的学习计划，孩子不知道什么时候该做什么，也不知道自己正在做的事情对于整个学习生涯和实现自己的理想有什么帮助，慢慢地，他们就会丧失学习的兴趣。

一个切实可行的学习计划就像指导孩子建筑自己知识大厦的蓝图，它会告诉孩子每天每个时间段应该做什么事情，做的这些事情对于自己的未来会有什么帮助。学习就像一场马拉松比赛，意志和体力固然重要，但更重要的是如何规划马拉松比赛过程中的每一段路程，通过每一段路程的积累，最后才能完成这场持久赛。

实况回放

小然正在上小学六年级。他头脑聪明，但是学习没有长久性，常常三天打鱼、两天晒网，学习成绩也并不突出。

小然的数学成绩不太好，他向妈妈保证，自己一定要努力把数学成绩提上去。妈妈听了他的保证感到很欣慰，至少孩子知道要努力去提高自己的成绩。小然也的确不是在敷衍妈妈，第一天他就认真地做了两页练习题，自己感觉也很愉快。就这样过了一个星期，一天晚上，妈妈突然发现他并没有做数学题或者阅读课本知识，原来他已经忘记了自己的承诺。

于是，妈妈轻轻地提醒他："你答应过妈妈要提高数学成绩的！"小然摊开双手，无奈地说道："我学了几天，但是没有效果。而且其他科目老师布置的作业也很多……"妈妈笑着说："你应该制订一个学习计划，要知道学习不是一时半会的事情。几天的努力怎么可能把你长期积累下来的问题全部解决掉呢？对不对？"小然听了之后，认真地点了点头。

教子妙招

孩子学习时三天打鱼、两天晒网，缺乏毅力和坚忍的意志，本来孩子答应得好好的，坚定地表示一定要把自己的学习成绩提高，但说完没几天，往往就不能坚持下去了，这是让父母们最头疼的。

改变孩子的这种状况并不难，最简单的方法就是协助他们制订一个切实可行的学习计划。抛开计划光谈毅力和意志是难以帮助孩子建立起良好的学习习惯的，能使孩子行动起来才是真正的改变。而一个切实可行的学习计划，则可以使孩子发生这种改变，因为它可以明确地告诉孩子具体时间应该具体做哪些事情。

在生活中，有不少孩子学习毫无计划，在学习中是"脚踩西瓜皮，滑到哪里算哪里"，这是很不好的。

高尔基说："不知明天该做什么的人是不幸的。"有的家长认为，学校有教育计划，老师有教学计划，跟着老师走，按照老师的要求做就行了，孩子不必要自己再制订计划。这种想法是不对的，因为学校和老师的计划是针对全体同学的，每个孩子的具体情况不同，还应该按照老师的要求针对自己的学习情况制订具体的个人学习计划，特别是放学以后的自学部分，更要有自己的计划。因此，作为家长应协助孩子根据自己的特点制订学习计划，并执行下去，家长在协助孩子制订学习计划时，应注意下面几个问题：

1. 计划要从孩子的学习和生活习惯出发

学习计划应该以孩子的学习和生活习惯为立足点，这样才具有指导性和可行性。孩子在课堂上的表现、与同学交流学习的情况、孩子的生活习惯等都是制订孩子学习计划的依据，及时了解这些情况，能够帮助父母正确地指导孩子进行学习计划的制订和实施。

父母要多观察、了解孩子的学习和生活习惯，包括孩子的学习成绩、在课堂上的表现以及性格等，要和孩子一起来为他们制订一个科学的学习计划，并监督他们执行。

2. 计划要与孩子的学习内容相匹配

学习计划应该与孩子的学习内容相匹配，否则很难达到理想的学习效果。如果孩子今天学习的重点课程内容是语文，学习计划中却规定要做数学题，这样的计划显然不切实际，难以取得良好的效果。

父母在指导孩子制订科学的学习计划时，一定要指导孩子结合每天的学习内容，这样才能保证计划得到良好的执行。

3. 计划要参照孩子学校的教学进度

父母在指导孩子制订学习计划的过程中，一定要参照学校的教学进度。如果孩子的学习计划与学校的课程进度相差太远，那么孩子在学校的学习和自学便不能很好地结合起来，也难以取得良好的学习效果。

4. 监督孩子学习计划的执行情况

制订了学习计划以后，孩子能不能很好地执行是关键。孩子缺乏坚韧的意志力，一遇到困难便很容易放弃自己的学习计划，因此，父母应该时刻监督孩子学习计划的执行情况。

对于孩子在执行学习计划过程中出现的问题，父母应该及时向孩子提出来，并且给他们提一些可行的建议。如果孩子在执行过程中出现懈怠，父母应该及时鼓励他们坚持下去。

5. 孩子的学习计划要全面

孩子只有在德、智、体、美几方面都得到了全面的发展，才是一个合格的接班人，因此在制订计划时，要把这几方面放在一起，统筹考虑。比如，除了学习以外，还要安排好锻炼身体的时间、睡眠时间、文化娱乐时间、兴趣爱好培养时间等，这样才能保证孩子的全面发展，才能使孩子保持旺盛的精力，使孩子的学习生活丰富多彩、生动有趣。

6. 长计划和短安排相结合

家长应该协助孩子把他在一段比较长的时间内究竟学些什么做个大致的计划。但是，由于实际的学习生活千变万化，往往无法预测，所以孩子的长远计划不要太具体，而短期的学习计划应该具体一些，这样孩子长远计划中的任务就可以逐步得到实现；有了长远计划，孩子又可以在完成具体学习任务时，心中有明确的学习目标。

7. 在制订计划时应分清主次，合理安排

孩子学习生活的各个方面的内容，比重位置是不同的，有主次之分。那些常规的学习内容，如各门功课的学习和其他课外活动，学习中常见的考试课和考查

课，所占用的时间比例是不一样的，家长在协助孩子制订学习计划时，应充分看到这些差异，并合理安排时间，这才是科学的合理的计划。

8. 提高时间的利用率

学习安排不同，在同样的学习时间内所取得的效果也不同。如果按照上面说的原则安排，学习效果和时间利用将会大大增强和提高。

早晨或晚上，或者在一天学习的开头和结尾时间，可以让孩子安排一些侧重记忆的科目，如：外语、语文等。在心情比较愉快，注意力比较集中的时间，可以安排比较枯燥或孩子自己不太喜欢的科目。零星的、注意力不易集中的时间，可以安排学习自己最感兴趣的学科。注意相近的学习内容最好不要集中安排在一起。

9. 从孩子的实际情况出发

无论做什么事都不能脱离实际，要量力而行，在协助孩子制订计划时，要充分考虑孩子的实际能力水平，突出重点，目标任务不要订得太高，否则等于没有目标，对那些孩子学起来感到比较吃力的学科，可以多分配一些时间，而对孩子学习起来不大困难的，则相对少用些时间。

10. 孩子的学习计划不要安排得太紧，应留有余地

计划的具体内容和实施步骤是在学习之前拟定的，既然是设想，离现实就有一定的距离。要想把计划变成现实，孩子还要经过一段时间的努力。在这个过程中，孩子的思想可能会发生某些变化，学习的各种条件也可能发生变化，学习计划订得再实际，也难免会出现意想不到的情况。因此，为了保证孩子学习计划的顺利实施，学习计划不要写得太满、太死、太紧，要留有机动时间，在机动时间内可让孩子安排一些一旦完不成对当前学习影响不大的学习任务，或者说，安排一些时间性不强的学习任务。

11. 要及时调整孩子的学习计划

俗话说得好：计划赶不上变化。人是活的，计划是死的，当孩子的实际情况出现了变化，应根据需要及时帮孩子调整计划。

在孩子执行计划时，要经常检查一下他的学习效果，以便及时发现计划的不合理，从而进行调整，使计划更加切实可行。

塑造孩子的误区

为孩子制订的学习计划安排得太满，没有留出机动时间。

经常打乱孩子的学习计划，替孩子临时安排一些学习任务。

不与孩子共同讨论，而是自作主张，替孩子重新调整各科目的时间安排。

给父母的家庭作业

你的孩子在学习时是不是"脚踩西瓜皮，滑到哪里算哪里"？你经常协助孩子制订学习计划吗？在协助孩子制订学习计划时，应注意哪些问题？

教子箴言

学习计划就是孩子行动的蓝图，它能够告诉孩子应该怎样去实现自己的目标以及他们现在所处的位置。正如建造楼房先要有图纸，打仗先要有部署一样，成功有效的学习也必须制订好一套切实可行的计划。有了学习计划，时间就会抓得很紧，不至于把时间浪费掉。因此，家长应协助孩子制订切实可行的学习计划。

帮孩子树立学习目标

社会心理学的研究表明，人类的所有行为都是在动机的驱使下产生的，而动机则是建立在人类及个体需要基础之上的。需要，就是人对某种目标追求和向往的欲望。孩子也是如此，其学习的积极性、主动性，刻苦钻研的精神，也是由对目标的追求欲望中来的。

由于年龄的不同和各自知识水平的限制，不同年级的学生，学习的目的性可能是不一样的。但是，有一点是相同的，即只有有了明确的学习目标，才能有竞争意识，才能激发起学习的积极性。所以，培养孩子的竞争意识，父母就要首先帮助孩子树立明确的学习目标。

实况回放

圆圆的学习成绩在班上一直很差，全班四十八人，他考第三十六名，爸爸看到成绩单气得要命，指着儿子说："你为什么不好好学习？"圆圆不以为然，反问爸爸："我为什么要好好学习？"爸爸瞪大眼睛说："你的学习成绩太差了，所以要好好学习！"圆圆有些不服气："请问爸爸，什么样的成绩才是好成绩，和班里三十六名以后的同学相比，我还算好的呢！"爸爸气得火冒三丈，伸手打了儿子一巴掌。

教子妙招

圆圆之所以成绩差，主要是因为学习没有目标，不知道自己为什么要学习。孩子学习没有目标，学习起来就没有动力，学习成绩当然不会好。圆圆的爸爸望子成龙的心情我们可以理解，但用拳头来迫使孩子好好学习显然是不对的，他应该为孩子树立明确的学习目标。

初入学的儿童，可能不知道学习的目标是什么，也许认为受到老师的表扬和父母的夸奖，就是目标。但有了这个简单的目标，就可以促使他去努力听讲，认真完成作业。

塑造孩子的一生：
让孩子自动自发地学习

当考试成绩公布后，一个小朋友获得了第一名，戴上了小红花，其他小朋友就有了奋斗的目标，他们也会努力学习，争取下次也考个第一，也戴朵小红花。所以，对 1~3 年级的小学生来说，要调动他们的学习积极性，就要帮助他们树立一个正确的近期能达到的目标。因为，这时他们的年龄还小，给他们讲远大的目标，他们会觉得太遥远，不太容易接受，而让他们注意眼前的目标，则更为实际，效果更为明显。

随着孩子年龄的增大和知识的增多，还要逐步地帮助他们确立较长远的目标，树立持久的决心。一般来讲，儿童对未来总是充满美好向往的，特别是五六年级的小学生，已接触到一些社会生活，学到一些知识，开始在脑子里描绘自己的未来。虽然，谁也难于预料自己的未来将是个什么样子，但理想中的未来总是美好的。这种对未来美好向往的心理，正是父母帮助他们树立远大目标的基础和有利条件。

美国心理学家布鲁纳提出过："最好的学习动机是对教学内容本身产生兴趣。"中国有句俗话也说过"兴趣是成功之母"。因此，兴趣是最好的老师，学生对学习对象有浓厚的兴趣，是学好学科知识的关键。学生只有对学习对象产生浓厚的兴趣，才能激发学生内在的潜能，在学习过程中才有积极的、饱满的心态。如为什么同样是一个同学，语文学科成绩会非常突出，而数学成绩却一般，这就是该同学对学科感兴趣与否的关键因素。例子举不胜举，这充分说明了兴趣的重要性。

如何培养孩子的学习兴趣呢？在学习的过程中要渗透孩子的人生观、世界观、价值观，从小树立远大的理想目标。让孩子知道只有学好科学文化知识，才能学到本领，才能实现自己的远大理想目标，才能实现自身的人生观、世界观、价值观。立志学好科学文化知识。如要让学生知道长大了要当科学家的，现在就要学科学文化知识，要热爱自然，热爱科学。

首先，要告诉孩子：学好了小学的课程，才能进入中学，而中学生中的优胜者才能升入大学，科学家都需要接受高等教育，要想成为科学家，现在就要争取成为班级的前几名。孩子如果明白了这些，自然就会认识到争取第一流成绩的重要性，就会增强竞争的意识。

其次，让孩子充分了解学科的特点，从学科的特点引发学生的求知欲，弄清学科本身固有的学习规律。如要培养孩子对科学的学习兴趣，可以引导学生电灯为什么会发光发亮、指南针为什么始终指向南北等一些有关科学方面与天文地理方面的容易引发学生兴趣的内容。

再次，让孩子知道学科的用途。只有弄清用途，孩子才会以主人翁的姿态投入到学习活动中，反之就会成为被动的学习者。如让孩子知道学了数学以后到小卖部买东西才不会吃亏，长大了还可以当数学家，等等。培养孩子的学科兴趣，从内心深处培养学生的情感目标，让孩子在充满浓厚兴趣的情感状态下完成学习活动过程。

孩子自主选定学习目标，并不是一朝一夕能够养成的，而是要让他知道，养成了自主确定学习目标的良好习惯后，对自己今后的学习、生活、工作是非常之重要的，要在日常的学习生活中，在老师和父母的正确引导下，教会方法、反复训练、持之以恒、常抓不懈，最终才能达到养成习惯、形成能力的目的。

理想意味着对未来的憧憬与向往，表达着对未来的渴望与追求，它犹如火炬照亮了人生的道路，指明了人成长的方向。它可以成为孩子自觉主动学习、不断前进的巨大精神动力。一个人成长之路，必须经历从一个目标走向下一个目标的奋斗过程，没有了明确的目标，他的成长和进步就会停滞。因此，教育孩子确立奋斗目标，是促使孩子自觉主动学习的最佳途径。家长在为孩子规划远景、树立学习目标的时候，应注意以下几个问题：

1. 尽量让孩子把理想树立得高远一些

不想当元帅的士兵不是好士兵。人生在世，就要有雄心壮志。理想越是远大，就越能激励人的斗志，越能使人执着地追求，做出不平凡的成就。21 世纪是知识爆炸的时代，竞争将更加激烈，更应让孩子理想的风帆鼓得满满的。

2. 引导孩子将远大理想和奋斗精神结合起来

家长给孩子讲一些古今中外成功人士的故事，让孩子知道每个人要想成功，实现自己的远大理想，都要经过艰苦的奋斗，如果不去拼搏奋斗，理想再远大也等于零。

3. 孩子的学习目标要明确

孩子的学习目标要有科学性和计划性。目标从时间来分主要有以下三种：

第一，长期目标，即孩子在两年、三年甚至更长的时间内，要达到什么目标，或都要干些什么。

第二，中期目标，把孩子的长期目标分解为几个阶段，规定孩子在每个阶段要实现的学习目标，家长应注意，中期目标是为长期目标服务的，在制订中期目标时，千万不要脱离长期目标。

第三，短期目标，也就是孩子各学期的学习目标，有时还可以将一学期分为几个阶段，规定孩子在各阶段要达到一个什么样的学习目的。

4. 孩子的学习目标要切合他的实际能力

大多数家长由于望子成龙心切，忽视孩子的实际才能，给孩子的学习目标订得太高。这样，孩子会因为目标无法实现而放弃。当然，为孩子制订的学习目标也不能过低，如果过低，孩子不经过努力很容易就可以达到，孩子的学习进步很小，甚至原地踏步，这个结果也不是家长所希望的。

5. 让孩子为实现目标而行动起来

一些孩子总是"雷声大，雨滴小"，甚至是"光打雷，不下雨"。他们远大的理想与抱负是不可否定的，但只是不付诸行动，正所谓"说着容易，做起来难呀"！行动是飞向成功的翅膀，如果光有理想，没有行动，孩子的学习成绩肯定不会好的。因此，家长应让孩子为达到目标而行动起来。

塑造孩子的误区

由于望子成龙心切，为孩子订的目标太高，孩子难以实现。

只注重教育孩子要有远大的抱负、崇高的理想，不注意引导孩子为实现目标而行动起来。

为孩子订的目标太低，孩子轻而易举地就可以实现。

给父母的家庭作业

孩子毕竟是孩子，其理想和志向的确立，需要父母给予积极的引导，你孩子的学习目标是什么？在引导孩子树立正确的学习目标时，应注意哪些问题？

教子箴言

目标是一把开启进步之锁的金钥匙，有了明确的学习目标，孩子才会为目标而努力奋斗，因此，家长应积极引导孩子逐步地树立学习的目标。

第八章

提高孩子的能力

在新世纪，教育成为人的终身需求，学习能力也成为每个孩子的必备素质。很多孩子学习成绩不好，老师无奈，家长着急，孩子自己也看不起自己，这些都已经成为阻碍孩子自动自发学习的瓶颈。因此，尽快提高孩子的学习能力，帮助孩子在获得听、说、读、写、计算等基本知识能力的同时，掌握观察、思考、应试、创新等课业外的能力十分关键。

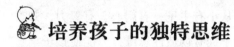

培养孩子的独特思维

富有创造性思维的人往往富有责任感、热情、善于想象、兴趣广泛、独立性强。进入信息时代，不少父母越来越重视对孩子创造性思维的培养。对于孩子而言，只要不是模仿照搬别人的做法，能运用已有的知识经验，经过独立思考，在父母指导或自己学习的基础上有新的理解，能发现不同于教科书，不同于老师、同学的解题方法和学习方法，能运用已知条件解决实际问题且具有新颖性、独特性，这些都属于创造性思维的范畴。

实况回放

一天你下班回到家后，刚走近厨房，就嗅到一股怪怪的刺鼻的味道，以为出了什么事，急忙跑进厨房里。儿子见你进来，直往后退，把一只大碗藏在身后。你马上猜到，这股刺鼻的气味正是从那只碗中发出来的。原来，孩子把橱柜上所有的调料，如：酱油、醋、料酒、麻油、虾油卤和番茄酱等，统统调和在一起。成了一碗黑糊糊。

你生气地质问："调料也是你玩的东西吗？你闻闻家里都是什么味道？"儿子低垂着头，怯怯地说："妈妈，我们每天都被蚊子咬，很难受，我想用这种气味把蚊子赶跑。"

教子妙招

孩子的一举一动都蕴含着创造力，尽管它只是雏形，却又是伟大的，家长不应批评，而应该给以鼓励和正确的引导。

创造型人才是 21 世纪的精英人才，引导孩子自觉主动地学习，培养其创造性思维品质，是新世纪精英人才发展的必然要求。

创造性思维是创造力的核心。创造力的培养，其实就是创造性思维能力的培养。创造性思维是最重要、最积极、最有生命力的一种思维。你的孩子是否富于创造性思维，是决定其将来是否能有大的创举与成就的关键。因此，培养孩子的创造性思维是非常重要的。

　　创造型人才敢于为自己出难题，而不求保持权威地位和自我形象。创造性思维能力强的孩子不爱跟容易的问题打交道，而喜欢同难题交朋友。创造之路从来不是别人铺好的平坦大道。家长应引导孩子从小有主见、有耐心、有毅力，知难而进、敢攻难题、敢破难题，这样才能使孩子拥有创造性思维，才能使孩子早日成为创造型人才。

　　俗话说："学贵有疑。"孩子对世界上的事物总是有着满脑子的疑问，渴望得到答案。好奇心是对新事物进行探究的一种心理倾向，它激发着人们探索世界、获取知识的欲望。父母应激发孩子的好奇心，不给他们设立太多条条框框，如果他们提出了新异的想法，不要嘲笑他们。要鼓励他们去想办法实践。

　　法国科学家法伯曾做过一个著名的"毛毛虫之死"的实验。有一种毛毛虫有"跟随者"的习性，它们总是盲目地跟随前面的毛毛虫走。法伯把若干个毛毛虫放在花盆周围的边缘上，首尾相接围成一圈，并在花盆周围不到6英寸的地方撒了一些毛毛虫爱吃的松针。毛毛虫开始一个跟一个，绕着花盆边缘一圈又一圈地爬。一个小时过去了，一天过去了，毛毛虫还是不停地爬。一连爬了七天七夜，它们终于因为饥饿和精疲力竭而死去，尽管距它们不到6英寸的地方就有它们爱吃的松针。

　　法伯在实验笔记中写下这样耐人寻味的话："在这么多毛毛虫中，其实只要有一只稍与众不同，便立刻避免死亡的命运。"因此，我们渴望有更多不囿于条条框框、充满好奇心的孩子、敢于向书本叫板的孩子。只有这样，孩子才能充满好奇地去寻找自己感兴趣的新事物，才能勤于思考、敢于质疑、勇于创新。

　　那么，作为父母，我们应如何培养孩子的创造力呢？

　　1. 帮孩子展开"幻想的翅膀"

　　心理学家研究表明，一般人只用了大脑想象区的15%，要开发其他处于"冬眠"状态的想象处女地，可以从培养孩子幻想能力入手。如会飞的房子、会改错的铅笔、会吐铁轨的火车等。要允许孩子异想天开，最重要的是教育者要有一颗"童心"，让孩子对一个问题寻找多种答案，要换个角度考虑问题，防止定向思维的形成。例如：父母可引导孩子说"砖头有多少种用途"，答案越多越好：造房子、砌院墙、铺路、刹住停在斜坡的车辆、压东西、垫东西、当锤子用、搏斗的武器……再如，家里买了一条鱼，可问问孩子：这条鱼是什么品种，除了这种能吃的鱼，还有哪些种类的鱼？暴雨淹没了田地，但暴雨还有什么益处吗？等等。其实生活中的每一件事物，都可以作为启发孩子多角度思维的内容，这就是创新性思维的训练。

2. 快速问答可以训练思维的流畅性

20 世纪 60 年代，美国心理学家曾采用所谓急骤的联想或暴风雨式的联想的方法来训练大学生的思维的流畅性。训练时，要求学生像夏天的暴风雨一样，迅速地抛出一些观念，不容置疑，也不要考虑质量的好坏，或数量的多少，评价在结束后进行。速度愈快表示愈流畅，讲得越多表示流畅性越高。这种自由联想与迅速反应的训练，对于思维，无论是质量，还是流畅性都有很大的帮助，可促进创造性思维的发展。

3. 提高和激发孩子的好奇心

孩子的好奇心和求知欲望，是产生创造性思维的可贵品质。家长平时应引导孩子，让孩子多问几个为什么；让孩子对于大家认为理所当然的事情，敢于提出自己的新见解；对于一些能解决的问题要尽快找出解决的办法。

孩子爱"破坏"性地拆拆装装，属天性使然，是其创造萌芽的一种体现。家长应合理引导孩子这种天性，多加鼓励，使孩子的创造萌芽得到进一步生长。

4. 培养孩子的观察力

孩子都喜欢观察周围的世界，大自然的奥秘会使他兴奋不已。作为父母应该有意识地引导孩子，去观察生活中那些容易被忽视的事物。因为认识更多的事物，才有可能发现事物的规律以及许多事物发生联系，才能更加有力地激发孩子的创新能力。

5. 鼓励孩子创新

家长应鼓励孩子创新，多问孩子一些"还有别的办法吗""哪一种办法最好呢"等，以激发孩子的创造力。对于家里的一些小事情，最好能让孩子参与发表意见。比如"'六一'节该怎么过""你想送同学什么生日礼物呀"等等。注意，在孩子发表意见时，千万不要因为孩子的主意不正确而批评他。

6. 鼓励孩子自己解决问题

当孩子遇到困难时，家长应引导孩子自己去想办法解决，而不是直接告诉他解决问题的办法。

7. 辅导孩子自己动手

家长应创造条件让孩子做一些小玩具和小实验，甚至鼓励孩子拆装小玩具，最好是让孩子自己做，大人不要全权代理。

8. 与孩子交朋友，引导孩子说出自己的看法

家长不要强求孩子总是按照你的想法去做，要多问孩子"你觉得怎样做更好一些？""你看这是为什么？""你看这样做可以吗？"等问题，让孩子感觉到家长是在帮助他。要常与孩子商量，给孩子一些思考的时间，让孩子发表自己的看法。

总之，培养孩子的创造力，不是一天两天就能完成的事，但家长如果平时注意以上这些方面，便可以大大提高孩子的创造力。

还要注意的是，家长在重视和开发孩子智力的同时，不能忽视对孩子非智力因素的培养。应放手让孩子多做些力所能及的事，给孩子"拆拆""装装""试试"的自由，即使孩子做错了，也应鼓励孩子，培养孩子不怕失败，勇于进取的精神。

塑造孩子的误区

强制或逼迫孩子去学习，不允许孩子搞破坏性的拆装活动。

教育孩子循规蹈矩，按照自己的要求去做，做个"听话"的好孩子，不允许孩子去冒险。

孩子遇到困难或问题时，马上去帮忙，甚至替孩子解决。

给父母的家庭作业

孩子从小展现出来的创新天赋是各种各样的，他们好奇心特别强，爱幻想，敢于将自己的大胆设想付诸实施。在这些幻想中，蕴含着大量创新的火花，就像金矿中蕴含着金子。你鼓励孩子大胆想象吗？你是怎样培养孩子的创造力的？

教子箴言

独特思维是一个人在传统知识和习惯的包围中，发现、探索、掌握事物的能力，是一个人的核心竞争力。其实，每个孩子都有创造独特思维，家长应努力去发现和培养。

想象，是智力活动的核心

敢于想象是孩子智力的核心因素。一个人智力水平的高低，主要通过想象反映出来。每位家长都要对孩子的思维发展有正确的认识，自觉地采取措施，培养孩子广阔、灵活、敏捷的想象能力，开拓孩子的智慧，让孩子变得更聪明。

实况回放

女儿学习时不爱动脑筋，无论是英语单词还是数学公式，都要死记硬背。遇到问题从不认真思考，老师或父母教什么她会什么，没教过的就不会。反应一点儿也不灵活，从来不向老师或家长提出问题。随着学习任务的加重，女儿感到学习越来越吃力，她的学习成绩也每况愈下。父母为此十分着急，又不知如何是好。

教子妙招

这种孩子在思维方面常存在"死、碎、单、浅、慢"等缺陷。"死"就是学得死，不会动脑筋，平时死学，考试时死背。"碎"是指学的知识零碎，一个个知识点分散、孤立。"单"是指思路单一，考虑问题时，不善于从多角度、多方面入手，不会举一反三。"浅"就是看问题肤浅，只看到问题的表面，看不出问题的实质以及问题与问题之间的内在联系。"慢"即思维的节奏慢，反应不灵活。

思维就是通常所说的"思考""想""动脑筋"。思维的智力品质包括思维的深刻性、思维的灵活性、思维的敏捷性、思维的独创性等四个主要方面。思维发生和发展中表现出来的个体差异主要表现在思维的智力品质上。

思维能力的高低，反映孩子的智力活动水平高低。思维能力的发展，是衡量孩子智力发展程度的重要标志。

思维在学习中具有特别重要的意义。首先，思维是理解知识的必要心理因素。人们无论学习什么知识，都必须深刻地理解它；而要深刻地理解所学的知识，就要进行独立思考。其次，思维是巩固知识的重要心理条件。孩子学习任何知识，都必须牢固地掌握它，而掌握知识需要进行积极思维。

通过思维，孩子可以认识那些没有直接作用于他们的事物，也可以预见事物的发展变化过程。这样孩子就掌握了直接感知领域以外的事物。思维的领域比感知的领域要宽广，它是孩子获得新知识，进行创造性学习和发展智力的重要途径。

如果你的孩子在思维能力上有所不足，你应尽快找出孩子思维不足的原因，通过各种有效的办法，帮助他克服缺陷，并学会科学的思维方法，提高孩子的思维能力。下面介绍几种培养孩子思维能力的方法。

1. 仔细观察，认真分析

家长应仔细观察孩子，弄清孩子在思维发展方面的现状。对于优势，要鼓励孩子继续发展；对于缺陷，要帮助孩子尽早克服。

2. 创设问题的情境

问题是思维的引子，家长要善于让孩子自己提出问题，并且要求他积极运用已有的感知经验，去独立思考和寻找答案。在孩子思考问题遇到困难时，家长可以启发孩子的思路，只有这样，才能真正有效地锻炼和提高孩子的思维能力。当孩子爱提出各种各样问题的时候，家长要耐心地听，要跟孩子一起讨论和寻找解决这些问题的方法，家长的积极主动对孩子影响很大。特别是家长也弄不懂的问题，要通过请教他人、查阅资料、反复思考、亲子共商，获得圆满答案，这个过程最能提高孩子的思维能力。

3. 多参加实践活动

思维的过程就是对信息加工的过程。可以说信息是思维的原料，原料越丰富，思维加工越容易有效地进行。所谓信息，归根结底就是表象和语言两大类。因此，为了给思维提供足够的原料，就应当丰富孩子的表象和语言。家长不仅要求孩子牢固地掌握书本知识，还应该积极引导孩子多参加实践活动，并在实践中努力提高孩子的思维能力。

4. 掌握思维的方法

思维是有一定的规律可循的。例如，从具体的、感性的引向抽象的、理性的；在某一思维的主导下，各种思维互相配合，思维和记忆彼此制约，互相促进；思维的间接性与概括性辩证统一；思维活动的多层次等都是思维的一些基本规律。如果能遵循这些规律，就一定能使孩子的思维得到发展，掌握思维的主要方法，即比较和归类、分析和综合、抽象和概括、系统化和具体化、演绎和归纳。孩子的思维过程，实质上就是运用这些方法去认识客观现实的过程。

5. 让孩子独立思考

孩子遇到疑难问题，总希望家长给他答案。有些家长直接把答案告诉孩子，当时解决了问题，但孩子得到的只是问题的答案，并没有找到解决问题的方法，不能很好地训练孩子的思维能力。面对孩子的问题，家长要告诉孩子寻找解决问题的方法。也就是启发孩子，一个问题应该怎样去想、去分析，怎样运用自己学过的知识和经验，怎样看书，怎样查参考资料等。当孩子自己得出答案时，他会充满成就感，独立思考的自觉性也增强了。

6. 培养孩子爱读书的习惯

家长可以为孩子挑选一些内容健康、适合孩子的漫画书和科技书，引导孩子进入书中的故事，这样孩子就会慢慢地对书感兴趣。只有获得了各种知识，增长了见识，孩子的思维才能迅速地发展。

7. 鼓励孩子大胆提问

科学思维能力的培养是从提问开始的，没有问题，思维就不能起步。孩子如果在学习中不善于提问题，就不能进行有价值的思维活动，也就不能有效地去解决学习中遇到的问题。因此家长应鼓励孩子提问，培养孩子提问的兴趣和习惯。尤其要鼓励孩子大胆质疑，敢于提问，并反复告诫孩子："不要以为老师讲的、书上印的就不可怀疑，从来不想也不打一个问号。也不要因为怕问错了问题丢面子，就丧失提问的勇气。"应该鼓励孩子以探索的精神、审视的态度，在教材上圈出重点、画出难点、找出疑点。在培养孩子提问题的能力的同时，家长还要重视提高他们分析问题、解决问题的能力。分析和解决问题是通过思维再现知识、运用知识的过程，要有效地再现和运用知识，就必须指导孩子遵循正确的思路，运用正确的思维方法。

8. 善于给孩子提出些小问题

当孩子思考问题遇到困难时，家长应给孩子提出些小问题，启发孩子的思路，让孩子积极运用已有的感知经验去独立思考和找答案，只有这样，才能真正有效地锻炼和提高孩子的思维能力。

9. 鼓励孩子的探索精神

孩子好奇心比较强，见到新鲜的东西就想摸一摸、问一问、拆一拆、装一装，这些都是孩子喜欢探究和旺盛求知欲的表现。家长应当因势利导，鼓励孩子的探索精神，培养孩子从小爱科学、勤动手、肯钻研的好习惯，从而提高孩子的学习兴趣和思维能力。

10. 制造民主平等的家庭气氛

在民主平等的家庭关系下成长的孩子，思维比较活跃，分析问题也比较透彻，对某些问题也敢于提出自己的看法。

11. 启发孩子"异想天开"

比如，一般的孩子都认为，碗是用来盛饭的，暖瓶是用来盛热水的。如果家长给孩子以启发，孩子就会发现碗还可当乐器来敲，暖瓶还可以用来盛放冰。这就是"发散思维"和"求异思维"。假如孩子能够在日常生活中形成发散性的思维模式，那么他在学习时就不会盲目听信老师，解决问题时也会思路开阔，灵活自如。

塑造孩子的误区

孩子还小，提出的问题往往既简单又幼稚，家长不但不认真回答，还嘲讽或讥笑孩子。

总以高高在上的姿态教育孩子，孩子往往看家长的脸色行事而不敢提出新的观点。

经常说些伤孩子自尊心的话，如："问什么，你不会自己想想啊？"又如："问什么问，哪有那么多问题？"

给父母的家庭作业

孩子智力水平的高低，往往是通过思维能力反映出来的，因此，培养孩子的思维能力是十分必要的。你的孩子思维能力高吗？你平时注意培养孩子的思维能力吗？

教子箴言

　　思维能力是孩子智力活动的核心，也是智力结构的核心，因而思维能力是孩子成才最重要的智力因素。要想让孩子更聪明，应从小就培养孩子的思维能力。

为孩子准备三个本

　　读书要"记""思"，才能"得"。为孩子准备三个本，写下他们的所记、所思和所得，这才是真正的读书。读书笔记指读书时为了把自己的读书心得记录下来或为了把文中的精彩部分整理出来而做的笔记。在读书时，写读书笔记是训练阅读的好方法。记忆，对于积累知识是重要的，但是不能迷信记忆。

　　列宁具有惊人的记忆力，他却勤动笔，写下了大量的读书笔记。俗话说："最淡的墨水，也胜过最强的记忆。"所以，俄国文学家托尔斯泰要求自己：身边永远带着铅笔和笔记本，读书和谈话的时候碰到一切美妙的地方和话语都把它记下来。

　　实况回放

　　你的孩子好静不好动，从小就是"书迷"。你买了《伊索寓言》《安徒生童话》《格林童话全集》《唐诗选》等有价值的书给他看，他还真迷上了这些名著和精品，他的业余时间几乎都沉浸在这些"高级营养品"中。遗憾的是他读书只图快、贪多，从不咀嚼，是走马观花式的阅读。因此，对读过的书脑子里一点印象都没有。有时刚刚读完的书，问他几个相关问题都答不上来，当然更无法把它变为自己的知识运用到写作上了。你为此很着急，不知该如何帮助孩子。

　　教子妙招

　　孩子喜欢读书是好事，孩子从不读书到想读书是一个飞跃，而从想读书到会读书又是一个飞跃。显然，第二个飞跃比第一个飞跃要困难得多。因此，家长应在第二个飞跃上下点功夫，引导孩子学会阅读。

　　读书的目的是把书中的知识变成自己的知识，如果你的孩子读书图快、贪多，读完了就全部忘记了，那等于零，纯粹是浪费时间，读书要"记""思"才能"得"，因此，对于这样的孩子建议你最好为他准备三个本，分别是摘记本、思录本和心得本。

1. 摘记本

摘记本主要让孩子把所读书中的精华摘记下来，为自己所用。如鲜明的观点，独创的表达手法，好的结构方式；格言、警句；书中栩栩如生的人物肖像、动作、神态描写；别具一格的景物描写；精彩的人物语言描写等，都可以记录在摘记本上。这个本，能够改掉孩子只看不记的坏毛病。有了摘记本，孩子就会渐渐养成记读书笔记的习惯。

2. 思录本

为孩子准备思录本，主要是让孩子把自己的思考记录下来。读书是一个不断"反思"的过程。对内容深刻的书，要反复思考，只有这样，才能充分领会书中的精神实质。因此，孩子需要一个思录本把书中的精神记录下来。这个本，可改掉孩子只记不思的坏毛病。读书贵在思考，有了思录本，孩子会慢慢养成一边读书一边想问题的习惯。

3. 心得本

孩子每读完一本书，都会有自己的心得体会，如果能为孩子准备一个本，让他把自己的心得写下来，将会加深孩子对这本书的印象。这里需要提醒家长的是，孩子在写心得体会时，不要求面面俱到，要有侧重点。如果书中内容太多，可阅读一章或一节，然后写一篇心得体会，等把全书读完后再总写。有了心得本，孩子就会慢慢养成常动笔的习惯。实际上，心得本也是前两个本的综合和提高。

孩子读书，手头备上三个本，尽管读书挺慢、挺笨、挺麻烦，但这是读书的真功夫、硬功夫、实功夫。养成习惯，终生受益。

塑造孩子的误区

认为只要孩子大量阅读书籍，就能提高阅读和写作水平，不管孩子阅读的效果如何。

读书就是读书，只要静心读就行，不要去想别的。

给父母的家庭作业

你的孩子喜欢读书吗？你的孩子会读书吗？在孩子读书方面，你为孩子准备了哪几个本？它们的功用是什么？

教子箴言

我们在阅读书籍或文章时，除了把好词佳句和自己的心得、体会写下来外，读书时还要做到：眼到、口到、心到、手到。"手到"就是读书笔记。读完一篇文章或一本书后，应根据不同情况，写好读书笔记。写读书笔记，对于深入理解、牢固掌握所学到的知识，对于积累学习资料，以备不时之需，都很有必要。

第九章

引领孩子走上快车道

快车道作为一种快速通达的道路，给我们的生活和出行带来极大便利，它可以让人们以最快的速度到达目的地。孩子的学习也是同样的，只有将他的学习开上快速路，才可以以最快的速度将所学的内容学好。要想将孩子的学习开上快速路，就应尽力帮助孩子选择适合自己的快速学习方法，让孩子学会高效地管理时间，科学地利用时间，把每一天都掌握在自己的手中，让孩子的每一分钟都获取很大的效益，这样才能创造学业的成功，进而成就人生的辉煌。

向课堂 40 分钟要效率

课堂是学生学习知识的一个最重要的环节。能够学到多少、领悟多少，关键取决于自己的听课状态。因此，课堂上不能忽略每一个细节，最重要的是要勤于思考问题，这样才能吸收并消化新学的知识。

实况回放

"儿子，老师说你上课总是走神，怎么回事呀？"你今天又被儿子的老师叫去了，一回来就问儿子。

"没有呀，40 分钟我一直坐在那儿听呀！怎么说我走神呢？"儿子反驳道。

"那老师问你大禹治水为什么三过家门而不入，你怎么回答说他忘了带钥匙，三次都打不开家门呢？"

儿子摸摸脑袋，无言以对，因为这件事已在课堂上闹出了笑话。"难道这还不叫走神吗？"你生气地责问孩子。

"今天，我忘记了带钥匙，上课时正想着没带钥匙怎么回家呢，没想到老师提问我了。"儿子低声说。

"说说，你在课堂上还想到什么了？"

这下儿子来劲儿了，兴奋地说："我想着自己坐着宇宙飞船上天了，看到了嫦娥姐姐、玉兔、猪八戒……还跟他们一起玩了呢！"

"天哪，他又想起了'春光灿烂猪八戒'，这可怎么办呢？"

教子妙招

听课走神的孩子，大多自控能力比较差，随意性很大。老师讲课的时候，自己却在想别的事情，或者做小动作。忘了听课，这样一堂课下来，自然收效甚微。因此，听课走神对孩子的学习非常不利。

孩子学习的主要途径是课堂，只有每堂课都能集中注意力，才能获得较多的知识，因此，家长一定要帮助孩子抓住课堂的 40 分钟，教孩子学会上课。

有的父母认为，孩子去上学了就自然会听课了，上课就是坐在那里听老师讲呗，这个就连幼儿园的孩子都知道，还用得着教吗？这个想法是完全错误的，会上课的孩子能抓住课堂 40 分钟，让每一分钟都有效益。可怎样才能帮助孩子抓住课堂 40 分钟呢？

1. 让孩子明确上课的意义

要想让孩子提高学习成绩，帮助孩子走出学习困境，首先要让孩子明确上课的意义，知道上课是改变自己、提高自己的重要路径。要想改变自己，一定要正视自己，正视自己现有的上课状态，从而加以改正。

2. 保证孩子充沛的体力和精力

要想让孩子上课时集中注意力、积极思考，必须保证充沛的精力和体力。比如科学合理地安排休息时间；合理补充营养，吃好早饭和午饭；适当进行体育锻炼等。

3. 做好课前预习

无论做什么事情，事先都应有所准备。有无准备、准备得充分与否，效果大不相同。同样，孩子上课也需要做好准备。预习是对知识的准备，是上好课的重要一环，因此，家长应指导孩子做好课前预习。在老师讲解新课之前，应让孩子有计划地、独立地自学新课的内容，让孩子做到对下一节课老师要讲的内容有初步了解。

4. 鼓励孩子在课上积极思考

孩子学习的目的不是把自己大脑当成"口袋"去装知识，而是要理解知识、运用知识。首要的就是要在"懂"字上下工夫，这就要求孩子应学会动脑，积极思考，只有这样，才能真正搞懂老师所讲的内容。

5. 教孩子做好课堂笔记

随着年级的升高，做好笔记就成为孩子上课的基本要求。笔记是课堂学习的一份重要资料。学会做课堂笔记是孩子上课的基本能力之一。孩子的课堂笔记不仅仅是记老师的板书，还应记思路、记重点、记收获、记问题。

做课堂笔记有两种方法，一种是直接在课本上记下一些要点、注解，如当老师讲到某个问题对自己有启发时，或者哪个问题不懂、有什么好的想法时，可以在课本上或书上简要地记上几笔或做好标记，等下课再去解决，以防关键地方漏掉；另一种是记下扼要的提纲式的听课笔记。

6. 让孩子注重课后"黄金两分钟"

每学完一节课，都要及时总结，家长应让孩子在课后用两分钟的时间迅速把当堂内容过一遍电影，经常这样做，胜过半月后的复习。每节课是 40 分钟，课间休息 10 分钟，这样的时间安排给孩子及时"过电影"，回忆当堂所学的内容提供了时间。有的老师每节课都提前几分钟结束讲课，这正好给孩子"过电影"留出时间。

塑造孩子的误区

千万不要在课堂上记笔记，否则的话，就只顾着记笔记而误了听课，会影响听课的效果。

上课听不懂随时问老师，不要等下课再问，那样老师会不耐心，也可能把要问的全忘了。

给父母的家庭作业

孩子主要是通过课堂 40 分钟来获取知识，因此，应帮助孩子抓住这 40 分钟，让每一分钟都产生效益。你的孩子在课堂上常常走神吗？你都用哪些方法帮助孩子抓住 40 分钟的？

教子箴言

上课时间在一天的学习时间中所占比例十分大，利用这 40 分钟显得重要。因为在短短的 40 分钟内，每个学生几乎同时接受着来自老师对知识中最基本、最精华部分的传授，孩子学习的好坏、成绩的高低，关键在于课堂 40 分钟的学习。

交替学习，好处多多

孩子的学习与身体和大脑息息相关，身体要休息，大脑也要休息。人不是机器，可以重复一样的动作。用脑也就如同用土地，要想在土地上获得丰收，就必须不断地换种农作物，让土地有休息的时间。学习也一样，我们要想好好地利用大脑去学习，也需要不断地变换学习内容，不宜长时间地学习同一科目。盲目地持续很长的时间，只能使学习变得痛苦而不会有任何效果。

实况回放

今天上课，老师讲了交替学习的好处，女儿准备把这种方法运用到学习中去，没想到被你发现了。

"宝贝，数学作业做完了吗？怎么又去背英语单词了？"你有些不满地问。

"妈妈，你不知道了吧？这叫交替学习！数学学累了，就换学英语，英语学累了，再换语文。交替学习就等于休息，懂吗？"女儿像个小博士似的给你讲。

"什么？这也叫休息？那样不打乱思路了吗？"你疑惑地瞪大双眼。

教子妙招

交替学习符合大脑工作的规律。在学习的时候，大脑所主管的视、听、读、写以及有关记忆、分析等功能区，都处于高度兴奋状态。如果长时间学习某一门课程，就会使某些功能区受到抑制，而且会越来越强，使大脑产生疲劳，出现困倦、头痛等症状，因而影响学习效果。

试想，孩子连续5个小时都读英文的效果，肯定要比每天读一小时的英文效果低，这是因为连续读5个小时，就会有一种单一疲劳、不想再读的感觉，但如果只读一个小时，就不会有那种感觉，反而会有更珍惜一个小时，从而好好读的心态。以这样的心态去学习，效率一定会很高。因此，家长应支持孩子运用交替

166

学习的方法学习，如果你的孩子还不知道如何运用交替学习的方法，你应对他加以指导。下面是几点建议，希望能对你有所帮助。

1. 让孩子在学习计划中体现出交替学习

当孩子制订学习计划时，父母最好能让孩子在计划中，标明交替学习的时段。这样，孩子就会自觉地运用交替学习的方法，避免可能出现的学习疲劳，同时，也有利于孩子养成交替学习的习惯。

2. 在计划中控制单一科目的学习时间

当孩子制订学习计划时，家长最好能让孩子对单一科目的学习时间作适当控制。这样，就等于在更短时间内完成单一科目的学习任务，会明显提高学习效率。

3. 将重点科目分成几段时间来学习

重点科目需要孩子下大力气去学习，学习时间也较长，因此，家长最好能让孩子把每天的学习任务分成几段时间，分别进行学习，这比连续学习效率要高。

4. 文理科的课程交替学习

交替学习内容差别较大的不同书种，比长时间读一种书籍的效率高。生理学家研究表明，不同学科在大脑中使用的脑区是不同的，左半球侧重于逻辑与抽象思维，右半球侧重于形象思维。因此，孩子在做完理科习题后，最好换一种记忆性强的科目，比如英语、语文等，这样，大脑左右半球轮流休息，学习效率会更高。

5. 复习时应在同科内前后交替学习

在复习阶段，家长可为孩子找一些涉及不同部分知识的综合应用题，引导孩子交替学习同一科目内的不同部分，使孩子通过前后比较分析，加深对知识的理解和应用能力。还可以让孩子在复习的中间休息一下，听听歌、读读报、弹一首喜欢的曲子，等等。

塑造孩子的误区

为了提高孩子的学习效率，每隔几分钟让孩子换一次书，有时孩子还没做完几道题就要求换其他科目。

学一门课就要专心学下去，经常换书会打乱原有的思路，不要这门还没学完又去学那门。

给父母的家庭作业

交替学习是为了让大脑得到休息，从而提高学习效率。一般情况下。你的孩子一门课能持续学习多长时间？你赞成孩子运用交替学习的方法吗？你是怎样帮助孩子使用交替学习方法的？

教子箴言

交替学习能够帮助孩子提高大脑的兴奋程度，是一种提高效率的有效途径。如看书时，可以把文理科的课程交替学习，这样的做法能使大脑皮层中的兴奋，从一个区域转到另一个区域，结果大脑皮层的神经系统不仅不会疲劳，还能让两科的学习互相促进。

劳逸结合，学习轻松有效

一个人的精力如同一根弹簧，不可能无限制地拉伸。只有劳逸结合，学习才会轻松；不会休息，就不会学习。所以，父母在帮助孩子学习时，一定要保证休息的时间，不然只会让效率更差。有的孩子常常熬到深夜，超负荷学习，这种"拼命三郎"式的学习方式是要不得的。因为这样不但对孩子的身体有害，而且学习效率也很低，有时甚至还会起反作用。

实况回放

你的孩子学习非常刻苦、认真，是全班最用功的，大家给他取了个"拼命三郎"的外号。他在课堂上能够认真听讲，课后能够认真完成作业。他甚至不放过任何看书的时间，包括吃饭、走路、上厕所等，有时做梦都在背英语单词。每天晚上不到十二点绝不睡觉，老师每每训斥那些不认真学习的同学时，总会拿他做榜样："你要是有某某（孩子的名字）同学十分之一的学习劲头，你肯定能考上名牌大学。"然而，他的学习成绩却很平常。所以有些同学私下里嘲讽他说："我要是能像他那样没日没夜地学，而得不了好成绩，这才是最大的失败。"

教子妙招

孩子之所以出现这种情况，主要是由于学习效率低。随着年级的增高，孩子需要学习的科目越来越多，如果不善于调节，一味地增加压力，不仅学习的效率无法保证，还可能带来意想不到的危害，甚至损害孩子的健康。孩子正处于长身体阶段，休息很重要，选择合适的休息方法更重要。因此，常常熬到深夜，超负荷学习，"拼命三郎"式的学习方式是要不得的。

一个人的精力就像弹簧一样，如果在它的弹性限度内拉开，手一松，就会弹回去，恢复原来的正常状态。假如无限度地拉，超出了弹簧的弹性限度，再松开手，它就不会再复原了。如果孩子睡眠不足，天天熬到深夜，"超负荷学习"，就会超过"弹性限度"，天长日久，不但学习搞不上去，身体也累垮了。同时，由于大脑连续工作时间太长，会造成疲劳不堪，因而学习效率也会大大降低。因此，家长应让孩子在学习时注意劳逸结合，这样学习才会轻松有效。

1. 学习中的休息时间不要过长

孩子在学习中的休息时间不要过长，尽量不要超过 10 分钟，因为休息时间过长，就会较难收心。比如整个晚上要学习两小时，可让孩子每隔 40 分钟休息 10 分钟，喝点水或饮料、吃点水果等，完全不休息会使学习效率降低甚至没有效率。

2. 让孩子中午小睡一觉

中午的时候，家长如果能让孩子小睡一下，下午和晚上都会更有精神，有了精神，学习效率当然就高了。

3. 进行体育锻炼

体育锻炼也是一种休息的方式，当孩子学习出现疲劳时，不妨让他进行一番体育锻炼，运动时，运动中枢兴奋，可快速抑制思维中枢，使其得到积极的休息，有助于提高学习效率。

如果孩子懒得锻炼，父母可和孩子约定，每天学习疲倦后，和父母一起去跑跑步、打打球，或做一些别的锻炼。共同锻炼的过程，既有助于孩子的身心放松，增强孩子的体质，也能增进双方的交流和感情，更能帮助父母了解孩子的真实想法。最好不要把时间规定得太死，孩子什么时候需要休息，父母就什么时候陪他锻炼。

4. 注意孩子的精神状态

孩子学习时，家长应注意孩子的精神状态，如果发现孩子出现走神、精力不集中、疲劳等状况，最好让他放下课本，休息一会儿。这样，既能让孩子觉得家长在关心他，又有助于增强孩子的上进心，休息后以更充沛的精力投入到学习中，效率一定会更高。

塑造孩子的误区

经常让孩子打疲劳战，尤其是在考试前夕，认为只要坐在那里学习，就说明学习状态好，就能产生效率。

孩子一休息就责备他浪费时间，让他赶紧抓紧时间去学习。

生怕累着孩子，孩子学习一会儿就让休息，而且每次休息很长时间。孩子玩到兴致高的时候，也不督促其学习。

给父母的家庭作业

不会好好休息就不会好好学习。你的孩子在学习时中间一般休息多长时间？他会合理安排自己的休息时间吗？为什么劳逸结合学习效率才会高？

教子箴言

如果孩子睡眠不足，每天"超负荷学习"，就好似超过"弹性限度"，时间长了，必定影响他的身体健康。同时，由于大脑连续工作时间过长，疲劳不堪，学习效率也会大大降低。

排除干扰，集中注意力

注意力是知识的窗户，没有持久的注意力，知识的阳光就照射不进来。要想获得知识，必须集中注意力，排除一切干扰。孩子注意力不集中，通常表现为两种情况：其一是注意力飘浮不定，专注的目标会经常转移；其二是心不在焉，常沉浸于白日梦而忘记眼前的事情，后者其实不是注意力不集中的孩子，只是干扰太多。只要家长用心纠正，使他们将心思转移到学习上去，往往会有大的改观。

实况回放

小惠聪明伶俐，人见人爱，可一写作业就犯糊涂。学校留的家庭作业其实并不多，可她几乎每天都要写三四个小时。不是不会做，就是想着玩，反正是快不起来，好像一点儿也不着急。如果不是父母在身边盯着，肯定写到天亮都完不成。她还粗心大意，有次考试竟把 49 写成 94，搞得整道题都错了。老师经常说她在课堂上注意力不集中，净开小差……

教子妙招

小惠主要表现出来的是注意力不集中，这是一种学习能力失衡的现象。在实际学习中许多孩子都注意力不集中，为此有些家长甚至怀疑孩子患了多动症，要带他去看医生，这使孩子感到非常恐惧。其实，家长没必要忧虑。孩子注意力的发展是随着年龄的增长而不断提高的，例如两岁的孩子对一件玩具的兴趣只能持续几分钟，六岁的孩子全神贯注做一件事情的时间就可持续到 20 分钟左右，十多岁的孩子则可持续 30 多分钟，孩子到了十四五岁，则可持续 40 多分钟。所以，你要让一个十岁的孩子安安静静地伏案学习一个小时，把孩子看成大人，孩子很难做到，因为孩子组织和控制自己注意力的能力还没有达到这个程度。

当然，这里并不是说家长可以忽视对孩子注意力集中的培养了。实践证明，从小培养孩子集中注意力的习惯对孩子日后的发展和成才是非常重要的。孩子只有注意力集中，才能全身心地投入到学习中去，学习效率才会提高。下面我们为家长朋友们介绍几种培养孩子集中注意力的方法，你不妨试试看。

1. 让孩子明确学习、奋斗的目标

只有让孩子明确了学习、奋斗的目标，孩子才会为远大目标而努力学习，才能培养其注意力。

2. 培养孩子稳定而广泛的兴趣

大科学家爱因斯坦说过："兴趣是最好的老师。"孩子一旦对某一事物发生了兴趣，就会全神贯注地投入到事物中，这对培养孩子的注意力大有帮助，家长应鼓励孩子把兴趣向纵深发展，切忌一时兴起，三天打鱼，两天晒网。在游戏、学习及做家务的过程中，应尽量保证孩子进行有目的、有意识、有始有终的活动，这对培养孩子的注意力是十分重要的。还有一种非常有效的办法是经常和孩子一起下棋，以培养孩子独立思考、独立解决问题的能力和竞争的精神。另外，练习硬笔书法和毛笔字也是一种很有效的办法。

3. 不要对孩子总是讲重复的话

有些父母对孩子不放心，一件事总要反复叮咛几次，这样孩子常常不注意听你的话，他会想，反正他们还会告诉我的，不用那么用心去听。久而久之，就养成了注意力不集中的坏毛病。因此，父母对孩子交代事情时最好只讲一遍，这也是培养孩子集中注意力的一种方法。

4. 给孩子创造一个安静的环境

家长在孩子学习时，应尽量避免环境因素的干扰，给孩子创造一个安静的环境。如孩子学习时，家长尽量把电视、音乐的声音调到最低，或者干脆关掉；与客人谈话的声音也不要太高，或者尽量不要在孩子学习的时候接待客人。

5. 注意孩子的身体状况

饥饿、过饱、疲乏也容易导致孩子注意力不集中，家长应尽量避免让孩子出现这些情况。孩子睡眠不足，成天犯困，注意力当然不可能集中了。因此，家长应科学安排孩子生活起居时间，做到生活学习有规律、有计划。要提醒孩子坚持体育锻炼，培养其意志力，增强其注意力。

塑造孩子的误区

认为孩子长大了就自然会注意力集中了，因此平时忽略对孩子这方面的培养。

孩子只要完成作业就可以看电视了，不管看到多晚都无所谓。

给父母的家庭作业

注意力不集中是学习的大敌，如果孩子注意力不集中，学习成绩肯定不会好。你的孩子注意力能持续多长时间？你认为应该培养孩子的注意力吗？你在培养孩子注意力方面，采取了哪些措施？

教子箴言

孩子不专心，是许多父母头痛的问题，要矫正此毛病，可从孩子的健康情况、个性及家庭环境入手。家长应该认识到，专心其实是一种可以训练、学习和培养的行为习惯。因此在埋怨孩子不专心的同时，亦要反省自己有无不对之处。

钻时间的空子

时间是宝贵的，对每个人都是很公平的。教会孩子学会管理时间是重要的一课，尤其是对紧张学习的孩子来说更是如此。合理、科学、充分地管理和利用好时间，会提高孩子的学习效率，取得更好的学习成绩。

实况回放

早晨你送孩子上学，一边走一边问："儿子，昨天语文课老师讲什么了？"你本想利用这点时间复习一下昨天的学习内容，没想到儿子却说："老爸，这是走路时间，我们要专时专用，这可是你经常教育我的。"你被儿子说得无言以对。不错，你平时是这么教育孩子的，你的意思是让孩子学习时不要想着玩，玩的时候就不要想着学习，可没想到这小家伙给用到这上面了。"哎，现在的孩子真是太难对付了。"你感叹道。

教子妙招

孩子的大部分学习时间是在课堂和自习中度过的，自己自由支配的时间较少，在这种情况下，家长应该教孩子学会挤时间。像场景中的家长利用走路的时间让孩子复习功课这个做法很好，值得我们每位家长学习。家长不但要帮助孩子挤时间，还要教孩子学会挤时间，钻时间的空子。所谓钻时间的空子就是更加合理地运用时间。而可利用的时间看起来是零碎的，有时还是突然空出来的。因此，家长应教孩子学会如何去寻找可用来学习的时间。如果你的孩子懂得了时间的价值，学会了科学合理地利用时间，他就成了时间的主人，就能学得更多、更好的知识。下面介绍几个帮助孩子科学合理运用时间的方法。

1. 培养孩子挤时间的习惯

比如，从家到学校 10 分钟路程，让孩子用这 10 分钟的时间记住几个英语单词并不困难，这样做孩子不仅是背会了单词，更重要的是养成了节约时间的良好习惯。

2. 让孩子学会节省时间

比如让孩子一天当中，一定要办最重要的事情；用大部分时间去处理最难、影响最大的事；等等。

3. 教孩子利用零碎时间

零碎时间主要是指学习的间歇、用餐时间、上学或放学路上所用时间，等等。在零碎时间里，孩子基本上无法完成什么重要的事情。如果不把这些时间利用起来，就会白白地浪费掉，那样就太可惜了，因此应让孩子将零散时间运用到学习上，这样会节约很多时间。

比如，孩子在等车的时候，可用来记公式、背单词；饭后散步时可用来观察事物、思考问题；入睡前，可以回忆、复习当天的学习内容；等等。

4. 让孩子抓紧每一小块时间

不要等到大块时间出现才让孩子去学习，因为孩子每天也很紧张，很难抽出一大块完整的时间，但一小块时间还是有的，家长应教育孩子不要等万事俱备才行动，要随时行动。记住，一旦开始行动，就离成功近了一步。比如：孩子完成家庭作业需要一小时的时间，而放学回家后距离吃饭时间只有半小时，有些孩子就想，反正作业做不完，干脆等吃完饭再写吧，这样就把饭前半小时白白地浪费掉了。你可以让孩子利用饭前半小时完成语文作业，然后再利用饭后半小时完成数学作业，这样不就充分利用时间了吗？

塑造孩子的误区

公共汽车上太拥挤，根本无法学习，不要在汽车上想老师上课所讲的内容。

让孩子将一切的余暇时间都用来学习，认为休息、娱乐都是在浪费时间。

经常对孩子说："就那么点儿时间，能写多少作业，还是等吃完饭再写吧！"

给父母的家庭作业

时间宝贵而又易逝，因此，既要珍惜时间，也要学会合理地安排时间。你的孩子会利用零碎时间学习吗？你认为哪些时间可以挤出来供孩子学习？

✎ *教子箴言*

如果改掉一回到家就开电视的习惯，你将发现，其实时间还是很多的。在晚饭桌上，你与孩子可以安静地交谈，问问孩子一天的学习情况。饭后，你可以辅导一下孩子的作业，或者玩玩亲子游戏，更或者共同阅读，然后再领着孩子到屋外散步和锻炼身体。

第十章

让孩子有好的养成

人们常说，播种一种行为，收获一种习惯；播种一种习惯，收获一种性格；播种一种性格，收获一种命运。由此可见习惯在人一生中的重要性。作为父母，要学会培养孩子良好的学习习惯，有了好的养成，孩子才能自动自发地学习，并为将来迎接更繁重的学习、工作奠定基础。

告诉孩子，勤能补拙

俗话说"笨鸟先飞"。意思是要是落后，就要比别人勤奋，就要比别人先行动，是一种不甘落后，勇于争先的表现。家庭教育是一项长期系统的工程，培养孩子勤奋好学的良好习惯又是一件持之以恒的事情，一个人的知识多寡，关键在于勤奋的程度如何，童年正处于长身体、长知识的阶段，这时候养成勤奋的良好习惯，就等于为将来的发展奠定了良好的基础，那么如何培养孩子勤奋好学的良好习惯呢？

实况回放

晚上八点了，孩子还在看电视，作业还没做完，明天还有小测验呢！你在一旁替他着急："儿子，你是不是等着天上掉馅饼呀？""不要着急，不要着急，休息一会儿，休息一会儿！"你看他那滑稽的样子，又气又笑："快去做作业吧，这天上掉馅饼的事是不可能有的！别指望着不复习明天能拿个 100 分！""你还别说，这天上掉馅饼的事虽然没有，可出门碰只撞死在树上的兔子古人还是遇到过的，说不准我明天到班里还真能捡个 100 分呢！"

教子妙招

守株待兔，凡事总想不劳而获的人，永远是个失败者。就学习而言，最有效的"捷径"是勤奋、刻苦，也就是做到有毅力。这"捷径"虽"笨"且难，但又是最有效的捷径。勤奋刻苦，不仅包括善于利用时间去勤阅读、勤练习，而且还包括勤动脑、勤思考。

勤奋是成才的关键因素，勤奋不但是获得知识的重要途径，也是通往成功的阶梯。孙敬头悬梁而读书，苏秦锥刺股而苦学，最终成就了一生的荣耀。鲁迅声名远扬时却冷言道："哪里有天才，我是把别人喝咖啡的工夫都用在工作上的。"可见勤奋学习对孩子来说是多么重要。孩子只有从小养成勤奋学习的习惯，才会拥有一个光明灿烂的未来。因此，家长应从小培养孩子勤奋学习的好习惯。

1. 培养孩子的耐心

有些孩子学习没有耐心，做一会儿作业就想出去玩了，或背一会儿书就想着其他的事情，对于这样的孩子，家长可在旁边以看书学习影响孩子，并鼓励孩子有进步，逐渐锻炼孩子的耐力，培养孩子的耐心。

2. 让孩子勤学又勤思

如果孩子勤学而不勤思，会迷惑不解而无所得；只思考而不勤学，也同样会一无所获。因此，在学习中不但要勤，还要善于总结经验，学会用正确的方法学习和思考。

3. 引导孩子苦学又巧学

我们提倡孩子勤奋学习，并不是说让孩子去拼命学，埋头死学。做任何事情都讲究个"巧"，学习也一样，需要掌握正确的学习方法，这才是真正的勤奋刻苦。

4. 让孩子不仅要苦学，还要乐学

只有读书读到书里去了，才能产生兴趣，才会自觉自愿地学，废寝忘食地学，兴趣盎然地学，才会真正体悟到那种苦中有乐、乐在其中、苦尽甘来的求知乐趣，才能真正学到知识。

5. 教育孩子有责任感

家长应让孩子明白，学习是孩子自己的事，家长最好让孩子对自己什么时间该干什么事，都有一个具体的安排，教育孩子当天的事当天完成，作业不过夜，不要留到第二天。

6. 让孩子学会珍惜时间

家长可同孩子商定一个时间表，何时起床，何时上学，何时放学回家，何时休息、睡觉，复习功课用多长时间等，都应全面考虑，合理安排，使孩子学习时井井有条，忙而不乱。同时要教育孩子认真遵守时间表，并持之以恒。

为孩子安排学习时间应有张有弛。要有劳有逸，劳逸结合。根据孩子年龄特点安排玩耍的时间，有利于孩子的身心健康发展。

孩子的大脑发育还不够完善，比成人容易疲劳。他们记忆力好，但不宜长时

间进行学习。一天最佳的学习时间是：上午9～11点，下午3：30～5：30，这些时间孩子都在学校里，家长中午最好让孩子休息2小时左右，以提高孩子在校的学习效率。

孩子晚上做作业、复习功课的时间不宜过长，否则，会影响孩子入睡。

有了一个时间表，可以使孩子学习、生活有条不紊地进行，但家长要注意检查孩子是否在按时间表的安排去执行。

塑造孩子的误区

为了培养孩子勤奋学习的习惯，替孩子把时间安排得满满的，就连星期天都不允许孩子玩耍。

只让孩子埋头学习，不管孩子的学习方法是否正确，也不管孩子是否对学习感兴趣。

给父母的家庭作业

一个人知识的多少、成就的大小，关键在于勤奋的程度。你的孩子对学习感兴趣吗？他是一个勤奋的孩子吗？你又是怎样培养孩子勤奋学习的习惯的呢？

教子箴言

"活到老，学到老"形象地告诉我们勤于学习，多读书的作用、乐趣和态度。孩子是家庭的希望，因此，父母应让孩子养成多读书，勤于学习、善于学习的习惯。

"亡羊补牢"，为时不晚

各门学科都有自己的知识网络，孩子只有从小扎扎实实地打好基础，才能把这张知识网络编织得完整牢固。如果孩子的知识体系不慎出现了漏洞，应让他及时查缺补漏，"亡羊补牢"，为时不晚。

实况回放

"看看你的作业！"你在检查孩子作业时，发现了许多鲜红的叉，气不打一处来，把作业本甩在孩子的面前。孩子嘟嘟囔囔地说："可我现在已经会做了！""再做一遍，我看看到底会不会！"孩子重做了一遍，可还是出现了同样的错误，都快把你气晕了。"你不是说会做了吗？怎么还不会呢？为什么不改错呢？"孩子见妈妈生气，也有点儿害怕，怯生生地说："我在哪儿改呢？老师让准备一个改错本。我还没有呢！"这下你无话可说了，心想：是呀，我为什么不为孩子准备一个改错本呢？

教子妙招

大多数孩子都不能把老师所讲的内容一下子完全领会，在做作业时，难免会出现这样或那样的错误，这些题目就是孩子知识上的漏洞。出现漏洞并不可怕，怕的是有洞不补，就像一张渔网出现漏洞一样，在"捕鱼"的时候，"鱼儿"就会从这个漏洞钻出去，漏洞越多，"鱼儿"跑得越多。因此，对于孩子的错题，要格外引起重视，把它作为一件重要的事情去做，想办法把它们一一搞懂。要知道，更正一道错题比做对几十道题更有价值。如何才能帮助孩子做好查缺补漏工作呢？

1. 为孩子每门学科准备一个"错题本"

要想让孩子做好查缺补漏工作，家长最好为孩子每门学科准备一个"错题本"——专门用来收集整理孩子在平时学习、测验、考试中遇到的不会做的难题以及做错的题目。隔一段时间就把错题本拿出来，一道一道重新做一遍，凡是做对了的，做好标记。对于做不出来的错题，先看答案，记住解题思路，隔一段时间再返回去重做，如果对了，再做好标记。不对的，下次再重做。这样下去，孩子就不可能再有不会做的题目了，学习成绩一定会直线上升。

2. 让孩子不断地重复自己不懂的内容

为了把知识上的漏洞补扎实，不断地重复也是一个有效的方法。就拿记忆来说，有关专家研究证明，要真正记住新的知识和信息，一般人需要重复七遍以上才能永久记住。同样道理，对于一道错题，也需要不断重复地去做，认真分析做错的原因，直到完全把它弄懂弄透为止。千万不要以为老师讲过一遍，孩子也听懂了，就认为孩子会做了。重复的次数越多，时间越长，效果就越好。

3. 教孩子做好总结

总结实际上就是怎样利用的问题，无论是小总结还是大总结，实质上都是不断超越错误的过程，也是整理错题的根本目的。让孩子养成一星期一小结、一月一中结、一学期一总结的习惯。

一星期一小结的具体方法是：让孩子将每天记录下来的错题浏览一遍，在"完全弄懂保证以后不会错"的题目前用一种符号做上标记；在不怎么明白以后还有可能再错的题目前用另一种符号做上标记；在完全没有弄懂的题目前再用一种符号做上标记。

一月一中结的具体方法是：让孩子把每个星期总结出来的不怎么明白的题目想办法彻底弄懂，如果孩子自己不能弄懂，就让他请教老师或同学，而把完全不懂的题目再抄录下来，如果一点新的发现都没有，就做上新的标记，等下个月中结时争取把它解决掉。

一学期一总结通常是在期末考试前 15 天完成，让孩子把一个月一中结中还没弄懂的题目整理出来，竭尽全力把它消灭掉。

如果养成了这个习惯，那么复习就会变得容易多了。除了看课本，把知识串起来，就是看自己整理的"错题本"了，而且，这样的好习惯如果孩子能一直延伸到高考，那样高考就会成为很简单的事了。

塑造孩子的误区

对于孩子的错题，认为老师已讲过、孩子已弄懂就可以了，不必再往"错题本"上记。

为孩子准备了"错题本"，让孩子把做错的题都记在"错题本"上，可从不提醒孩子重新做"错题本"上的题，追求形式化的东西。

给父母的家庭作业

查缺补漏是孩子学习中的一项重要工作，你的孩子做错了题重新改正吗？你为他准备"错题本"了吗？他是怎样利用"错题本"的？

教子箴言

"亡羊补牢"这个成语用来比喻出了问题以后想办法补救，可以防止继续受损失。孩子不可能在学习上十全十美，总会出现过失，因此，父母应告诉孩子，错了不要紧，只要快点改正就是好孩子。

自动自发重在专心致志

学习的最大"敌人"就是注意力分散。只有聚其精、会其神，孩子才能取得成功。而孩子能否集中精力则与父母的教育方法分不开。正所谓，成功孩子的背后总会站着伟大的父母。因此，要想提高孩子的学习成绩，培养和开发他们的智力，第一步就要注意培养和训练他们的注意力，养成专心致志的习惯。要不然，其他的训练只能是事倍功半，甚至徒劳无功。

实况回放

"快写作业，不要再抠橡皮了！"这句话你每天不知要重复多少遍，抠橡皮已经是儿子多年的坏毛病了。无论是上课还是在家里做作业，儿子总爱搞些小动作。上课总是走神，不管谁说话他都爱搭话茬儿……好半天才写一个字。本来只需半小时就可完成的作业，他能拖两个小时，真是个"磨神"！害得父母经常也跟着他熬到深夜，真是全家受累。

教子妙招

学习的最大"敌人"就是注意力涣散，《小猫钓鱼》的故事各位家长都熟悉吧？做事三心二意，到头来只能是一无所获。

有这样一个心理学实验：把若干个学生分成两组，第一组同学边听故事边做习题，而第二组也做同样的两件事，但是两项内容分开进行，听完故事再做习题。经过相同的时间后，检查习题的成绩，并请每个人复述听过的故事。结果是：第一组习题与复述的错误率明显高于第二组。这个实验说明，学习时一定要专心致志，全身心投入。

专心致志，包括以下两个方面：一是要致力于主攻方向不分神。就是在一定时期内紧紧围绕主攻方向，安排学习内容；二是全神贯注不走神。上课时要专心致志地听讲，做作业时聚精会神地思考，对于一切与学习无关的事情能够做到听而不闻，视而不见。专心致志，也就是用心学习。要想让孩子养成专心致志学习的好习惯，家长不妨试试下面的几个方法：

1. 培养孩子善于集中注意力的习惯

集中注意力对于任何一种劳动，尤其是脑力劳动具有很大的意义。如果孩子做作业时能够集中注意力，不但完成作业的速度比较快，而且错误率也较低。那些作业马虎、粗枝大叶的孩子主要是由于注意力不够集中，没能仔细地看懂习题的要求和提供的条件。而且，善于集中注意力的孩子学习起来比较轻松，效率也很高，所以他们有更多的时间用来休息和娱乐。

2. 要求孩子在规定的时间内完成作业

如果作业太多，在短时间无法完成，可以分段进行，即规定孩子在一段时间内完成一定量的作业，休息 10 分钟后，再完成一定量的作业。研究表明，孩子注意力稳定的时间与年龄有关：5～10 岁的孩子是 20 分钟，10～12 岁孩子是 25 分钟，12 岁以上孩子是 30 分钟。因此，家长应根据自己孩子的年龄来确定每段时间的长短。

3. 孩子的书桌上不要摆放与学习无关的物品

孩子的书桌上除了文具和书籍外，最好不要摆放其他与学习无关的物品（如玩具等），否则会分散孩子的注意力；抽屉、柜子不妨上把锁，这样孩子就不会在没完成作业的情况下随时打开抽屉去翻找；书桌前方除了张贴与学习有关的，如地图、公式、拼音表格外，不应张贴其他吸引孩子注意力的东西（如动画图片、明星照等）。女孩儿的书桌上最好不要放镜子、梳子、化妆品之类的东西，这会使她有时间就顾影"自美"或"自怜"。

4. 让孩子在一定时间内专心做好一件事

有些父母常常抱怨说："我的孩子做事效率低，做作业动作慢，一边写一边玩。"因此，父母应注意培养孩子在某一段时间内做好一件事的能力。对于家庭作业父母要帮他们安排一下，做完一门功课可以允许孩子休息一会儿，不要让孩子太疲劳。有些父母觉得孩子动作慢，不允许孩子休息，还唠叨个没完没了，这样，容易使孩子产生抵触心理，效果反而不好。

塑造孩子的误区

在孩子的强烈要求下，允许孩子一边看电视，一边做作业或者让孩子一边听音乐一边背英语单词。

怕孩子注意力不够集中而影响学习效果，常常站在旁边"站岗"。

老师反映孩子上课总是走神，甚至捣乱，就用打骂或体罚等粗鲁的方法严加管教。

给父母的家庭作业

你的孩子每天能够专心致志地完成作业吗？上课经常走神吗？你是如何培养孩子专心学习的习惯的？

教子箴言

学习本身就是专心和努力的过程。专一是学业成功的基石，考查任何一个优秀的学生的学习都离不开一心一意。学习没有捷径可寻，只有专心致志，再加之自动自发的学习方法，才能取得良好的效果。

不耻下问，虚心好学

"问是学之师，知之母。"即便是学习成绩优秀的孩子，也不是什么事都比别人知道得多。有问题并不可怕，怕的是什么都不问。儿童专家指出，专注力是一种可以训练、学习和培养的行为习惯。因此，当你发现孩子做事三心二意、精神不集中时，不要埋怨孩子，而要想办法培养孩子的专注力。

实况回放

一天你在检查孩子的学习情况时，发现儿子有许多内容都不会，气得你把书本一甩："这么多不会的，为什么不问老师和同学呀？"儿子满不在乎地说："那多没面子呀，人家都听懂了，只有我一个不会，同学们会说我是傻子、笨猪，我可不想让别人说我。再说了，老师办公室里那么多人，我可不敢去问！"你听后火冒三丈，一巴掌打在儿子脸上："你的面子就这么值钱，我今天要让你脸上开花，看你明天丢不丢面子！"顿时，儿子脸上印出一个红红的指印，第二天干脆不去上学了，任凭你怎么劝说也不去。

教子妙招

学会提问是学习积极主动的表现，有疑而问，由问而思，有利于培养孩子的创新精神和创造能力。

孩子在学习中，往往由于顾及面子、羞于开口而不敢发问，对于这样的孩子，家长不应以武力强迫孩子去问老师，而应采取适当的方法培养孩子虚心好问的习惯。

1. 把提问的权力交给孩子

在家庭教育中，特别是学习辅导中，父母应在孩子力所能及的范围内，让孩子多动、多说、多看、多问、多表现、多思考，让孩子自己"跳起来摘果子"，尽量多给孩子一点思考的时间和活动的余地，把提问的权力交给孩子。

2. 鼓励孩子大胆提问

如果孩子平时有不敢问、不善问的缺点，家长应鼓励他去问，一旦有些问题是通过问老师、同学得来的答案，家长应及时给予鼓励。当孩子发现书上有不懂的问题，问为什么时，家长要耐心回答，还要称赞他虚心好问。

3. 培养孩子谦虚的品格

家长要告诉孩子，不懂就问是谦虚好学的品格，不懂装懂才是愚蠢的表现。家长应教育孩子遇到不懂的问题，要多提问，只有把一个个不懂的问题搞明白了，才能把学习搞好。

4. 给孩子讲一些名人大胆质疑、发问的故事

家长应多讲一些名人不迷信权威、不迷信书本的生动故事，启发孩子大胆质疑、发问。比如爱因斯坦就是通过质疑经典物理学，挑战牛顿等权威，才创造出相对论的。

5. 给孩子营造发问的氛围

父母和孩子角色平等，要变单向的学习辅导为双向互动，允许孩子"出错"。父母对孩子提出的问题，哪怕是在你看来非常幼稚的问题，也应用语言、手势、眼神等，给予孩子充分的肯定和赞赏。

6. 设计好问题，引导孩子模仿提问

当孩子还没有养成不懂就问的习惯时，家长可在孩子所学知识较难的情况下，设计一些问题，引导孩子模仿提问。提问要由浅入深，由易到难。经过一段时间训练，孩子初步掌握了发现问题和解决问题的方法后，就可以自己发现问题。

7. 引导孩子把学到的知识应用于现实生活中

为了提高孩子学以致用的能力，父母应引导孩子把学到的知识应用于现实生活中，让孩子在解决新问题的过程中再提出实际问题，这样可为发展孩子的创新思维提供丰富的问题和情境。

8. 让孩子学会合理而恰当地提出问题

任何一个问题都可在一定程度上激发起孩子的好奇心和探求欲，并且为问题的解决提出一个大致的方向，这对孩子的认识活动是一个指引。学习是一个逐步

提高的过程，应该让孩子针对学习，不断向老师、同学提出合理而恰当的问题。

家长应引导孩子经常问自己下面几个问题：

首先，为什么要学习这些内容？

其次，重点要学习哪些内容？

再次，我该如何去学习这些内容？

最后，该向老师提什么样的问题？

9. 要启发孩子自己解决问题

有的孩子学习上怕苦怕难，一遇到难点就求助父母或其他人。这时不要直接告诉他答案，最好是做一些提示，鼓励他独立思考，启发他自己去解答问题。让孩子逐渐明白做功课是他的责任。

塑造孩子的误区

为了培养孩子勤学好问的习惯，让孩子提一些不动脑思考的问题。

孩子懒于思考，一遇到问题就找父母，而父母是有问必答。

孩子提出问题时不认真对待，只敷衍了事，草草作答。

给父母的家庭作业

好问要以多思考作为前提，"好问而懒思"是不可取的。你的孩子在提出问题之前是否经过了认真思考？你经常鼓励孩子大胆提出问题吗？当孩子提出问题时，你如何回答？

教子箴言

人的大脑一部分全神贯注、高度兴奋，其他的部分就全部放松、高度抑制。处于高度兴奋的一部分，各种营养成分的供应都很充足时，就显得特别灵敏，特别能理解和记忆，特别能解决问题。所以，让孩子养成专心致志学习和做事的好习惯，实际上是给了他们一个成功的法宝。

今日事，今日毕

学习计划是通向学习目标的路径，严格执行学习计划是实现目标、克敌制胜的法宝。谁能根据奋斗目标制订出科学的计划，并且定时定量地完成计划，谁就能最终取得成功。

实况回放

"儿子，20个英语单词背会了吗?"儿子总是不能完成自己的学习计划，妈妈又来提醒他了。

"还没有，等明天吧!"

"什么? 又要等明天，这可是你自己订的计划，明天还有明天的任务，怎么能把今天的事放到明天去做呢?"

"不要急，明天我多学习一会儿不就完成了吗?"

妈妈大声吼道："那你今天不要吃饭了，等明天再吃吧!"

儿子两手搭在妈妈的肩上，撒娇说："妈妈，难道你想把儿子饿死不成? 好了，这次说定，明天一定完成!"说着又跑出去玩了。

妈妈只能摇头叹道："明日复明日，明日何其多呀!"

教子妙招

"当天的事当天完成"，我们从孩子一懂事起就这样教育，可在实际学习生活中，许多孩子是订计划时信心百倍，什么时候复习、什么时候预习、什么时候做作业都安排得井井有条、妥妥当当，可具体行动起来就不是那么回事了，该预习的时候不去预习，该复习的时候不去复习，总是把当天要做的事往后推，记忆和复习也总是不能按时完成，导致上课时跟不上老师讲课的思路，学习成绩越来越糟。

一般说来，目标比较容易确定，计划也比较容易制订，难的就是按计划完成学习任务。

完成任务是一种意识，"完"就是按照计划在自己规定的时间内做完所有的事情，不能半途而废；"成"就是高质量高效率地做成功了，也就是努力做得更好。"今日事，今日毕"，实际上就是"完成意识"的集中体现。

孩子按计划完成学习任务有三个好处：

一是规律的生活可为学习提供有利条件。因为设定目标，按照计划有条不紊地行事，可以将一个人的心态调整到最佳状态。

二是孩子每天都在"完成"任务，可以大大增强他的自信心，有了自信心，什么困难都容易迎刃而解，因为，自信心是人格的核心。

三是"完成"可以不断激发孩子的学习潜能，因为潜能只有在不怕困难、勇往直前的情况下才容易形成。

因此，各位家长还是应从小培养孩子按计划完成学习任务的习惯。

下面介绍几个培养孩子按计划完成学习任务这一习惯的方法。

1. 让孩子定时学习

定时学习是完成学习计划的前提。所谓定时学习，包含两方面的意思：一是每天必须保证孩子有必要的学习时间，二是到了该学习的时候要立即学习。学习是一个漫长的过程，不是一下子就可以完成的，需要安排足够的时间。

2. 让孩子定量学习

定量学习是完成学习计划的保证。没有量的积累，就不可能有质的飞跃。知识积累的总量是由每日、每时学习的分量累加起来的。如果你的当日学习分量为0时，那么到最后知识的总量也是0；如果当日学习分量为1，知识的总量就逐日上升。所以，孩子只有每一天都定量学习，才能获得较好的学习成绩。

定量学习，也包含三方面的意思：一是记忆先行，每天必须完成记忆任务，包括单词、语法、定义、公式等；二是完成作业，把所学的课堂教学内容（包括例题和习题）弄懂弄通；三是复习领悟，使以前所学的知识融会贯通，运用自如。

3. 保证孩子充足的睡眠时间

有了充足的睡眠，孩子才能保证身体的正常发育，才能为学习提供充沛的精力和清醒的头脑。小学生每天睡眠时间一般为10小时。初中生每天睡觉时间为9

小时，高中生每天睡眠时间应为 8 小时以上。家长既要督促孩子完成当天的计划，又要保证孩子足够的睡眠时间。

4. 与孩子一起订立周计划与日计划

孩子还小，其自控力相对较差，因此需要父母和孩子一道订立好周计划和日计划，规定"学习专门时间"和"游戏专门时间"，同时还应给孩子留下自由支配的时间。

5. 引导孩子每天做小结

孩子应该养成每天睡前做小结的习惯，家长应引导孩子每天睡前用 10 分钟的时间做小结，小结内容包括"今天的学习计划完成了没有""今天遇到了什么有趣的事情""今天获得的最大进步是什么""今天还有什么事没完成，需要明天补救"等。

塑造孩子的误区

孩子总是把当天的学习任务推到第二天，怕孩子太累就不让他完成，任由孩子自己安排。

认为不必要当天的事当天完成，不论什么时候只要完成就可以了。

让孩子跟着老师走，老师让干啥就干啥，不必再自己预习或复习了。

给父母的家庭作业

"今日事，今日毕"这句话说起来容易，做起来难，你的孩子能做到吗？你经常和孩子一起制订学习计划吗？你是怎样培养孩子按计划完成任务的习惯的？

教子箴言

每个孩子都有把学习搞好的愿望，但是有时会因一些因素，让他们面对时产生"等一等"，要玩一玩再做的想法。于是作业囤积多了，简单的学习也变得复杂、手忙脚乱，加上作业累积到一定数量，就得特别挪出时间去做，这样也无端增加了学习时间。

好记性抵不过烂笔头

俗话说："好记性抵不过烂笔头。"记笔记是眼、耳、口、心、手多种器官都参加的活动，因此，学得深、记得住、不易忘。

实况回放

孩子有个毛病，无论是平时背东西还是上课听讲，都不愿意动笔。只想把学习停留在"看"的过程，从不动手去解答。当你检查他的上课笔记时，发现他记得很少，批评他时他还美其名曰："这是为了专心听讲。"他常幻想说："如果写作业也不用动笔那该有多好呀！"因此，他该背的东西背不会，即使背会了也很快忘记，要做的题看似都会，实际操作起来却不会了，可谓眼高手低。

教子妙招

凡是学习成绩优秀的孩子，一般都是一个生活中的有心人。其中最为明显的一个特点，就是随手带一个本子，及时做一些笔记，只要能略略掀动心扉的细节，无论观察到什么，还是读到什么，或者是想到什么，哪怕是一句话，一个字，都会随手记下来。因此，家长应培养孩子勤于动笔的习惯。

1. 提醒孩子把重要的东西记下来

孩子年龄小，贪玩，对周围的事物熟视无睹，常常会导致忘性大。作为家长，应随时提醒孩子把重要的东西用记笔记的形式保存下来，这样就不易忘记了，也免得贪玩时总是惦记着被遗忘的学习内容。

2. 给孩子的书桌上准备一个本和一支笔

人常说："好记性抵不过烂笔头。"记忆东西时，如果只用眼看、用口念是很难记住的，而应该动手去"写"，在"写"的过程中使知识在脑海中留下清晰而深刻的印象。

家长最好能在孩子的书桌上准备一个本和一支笔，让孩子一边看书，一边在本子上写写画画，多动手才能记得牢。

3. 鼓励孩子记笔记

为了培养孩子动手记笔记的习惯，家长可和孩子一起读书，鼓励孩子一边读一边记读书笔记，随便写什么都可以，哪怕是写个简单的书名也好。

4. 指导孩子做好课堂笔记

一边听课一边记笔记，可以避免思维脱节。但为了避免孩子只顾着做笔记而影响听课效果，家长应指导孩子掌握正确的记笔记方法。

第一，做笔记时，要选择其中最为关键的地方。这样既可以节约时间，认真听课，也可以抓住老师讲课的重点。这往往是最难把握的，家长应在孩子平时学习中，加以指导，让孩子能够准确地找出要点，简洁地将它们记下来。

第二，让孩子用最快的速度做课堂笔记，如果记不全老师讲的重点，可以先写几个重点的词句，下课后，再问老师或其他同学，并及时补上，这样做可以避免因记笔记而影响了听课效率。

塑造孩子的误区

轻视"烂笔头"，认为这样光顾着写而顾不了想，因此，要求孩子只要用脑记就可以了，不必动手写。

认为老师在黑板上写的，就一定是重点，要求孩子把它全部记下来。

认为用笔记很关键，胜于听课。

给父母的家庭作业

"勤动笔才能记得牢"，你的孩子在学习时常动笔吗？他在听课时是否能将老师所讲的重点内容记录下来？你赞成孩子记笔记吗？在这方面你是怎样帮助孩子的？

教子箴言

父母在引导孩子的学习中，告诉孩子不要太相信自己的记忆力，因为再好的记忆能力也有忘记的时候，所以最保险的方法还是记在本子上。

第十一章

为孩子纠正航向

孩子的学习就像航行一样，经常会遇到各种险滩和障碍，是障碍就会阻止前进，使孩子不能顺利地到达成功的彼岸。孩子就是孩子，他一定会遇到问题，遇到问题时需要我们大人帮忙。现在很多家长在"帮倒忙"，致使一些孩子学习磨磨蹭蹭、作业粗心大意、有了成绩骄傲自满、遇到困难不懂得克服等，这其中固然有孩子的原因，但家长是关键。如果家长教子水平高，就可以弥补孩子的不足，从而为孩子扫清前进道路上的障碍，纠正航向，直至成功。

变粗心为细心

孩子是最纯真的代表了，但是孩子在生活和学习中如果不能被好好的指引的话，很可能会养成粗心大意的习惯，这样的习惯有时候会给孩子们带来一些麻烦，那么怎样让孩子改掉粗心大意的习惯呢？这就需要家长和孩子同步进行了，因为粗心是孩子学习中的一大障碍，如果粗心马虎形成习惯，成为一种性格缺陷，对孩子的影响是很大的。

实况回放

女儿聪明伶俐，活泼可爱，可同学们都叫她"马大哈"，原因是无论考试还是平时学习，她总是马马虎虎，粗心大意。她做题是直线向前，义无反顾，根本没想到还需要检查，把检查工作全部留给爸爸妈妈和老师了。别人给她查出错误，她愿意改，可她自己从不主动去检查。有一次，数学竟然考了59分，发下试卷后她大哭了一场，因为丢失的分数是因粗心而丢的。

教子妙招

粗心是一种很常见的现象，不光是孩子身上有这种毛病，许多成年人身上也存在。一般说来，粗心大意的毛病在孩子身上表现得尤为明显。粗心让成绩大打折扣，确实可惜。

孩子粗心主要与下面几个因素有关：

一是和知识掌握不扎实有关，比如：问他 3＋2 等于几，他会脱口而出，而且完全正确，但一年级的孩子就有可能出错，因为他还没形成自动反应。因此，基础知识的掌握，到了能自动反应的程度，粗心会大大减少。

二是和习惯有关，比如平时作业马虎，粗心惯了，考试时便会不由自主地出错。因此，只有平时杜绝粗心，才能保证考试不丢分。

三是与性格有关，大大咧咧、不拘小节的性格，反映在学习上，就容易增加失误。性子急也很容易粗心。

四是与学习态度有关，如果孩子对学习不认真，抱着应付的态度，就容易粗心。

要想解决孩子粗心的问题，家长一定要先分析孩子粗心的原因，然后再对症下药，有针对性地做工作。下面介绍几种方法供家长参考。

1. 给孩子做一个"错题集"

家长可为孩子准备一个本子，让孩子把每次作业中的错题抄在上面，然后再引导孩子找出错误的原因，把正确的答案写出。孩子出现错误的原因大多是由于粗心，做一本"错题集"，有利于让孩子认识到粗心的危害，并下决心改正。

2. 教育孩子草稿也要清清楚楚

有些孩子，因为是打草稿，所以就写得比较潦草。其实，不少孩子的粗心正是从草稿开始的，因此，家长应教育孩子草稿最好不要太潦草。让孩子从草稿开始就要认真对待，做到一丝不苟，这有利于克服粗心的毛病。

3. 让孩子丢开橡皮

橡皮是造成粗心的一个根源，孩子有了橡皮，就会产生依赖心理，他会想，反正错了可以擦，没什么大不了的，于是错了擦，擦了错。家长如果能限制孩子使用橡皮的次数，让孩子丢开橡皮，孩子做作业时就会小心谨慎，想好了再做。

4. 指导孩子自己检查作业

有些家长总担心孩子做错题，得不了高分，就天天给孩子检查作业。这样做使孩子养成了依赖心理，反正做错了爸爸妈妈会帮我检查出来的，因而做题时就不认真。家长应指导孩子自己检查、验证学习效果。在孩子检查之后家长再检查，但不要具体指出错误，而是划定出错的范围，让孩子自己查证。家长要特别注意培养孩子一次做正确的习惯。

5. 让孩子考家长

让孩子出题考家长，孩子会很感兴趣，他们为了把家长考住，就挑些容易错的题。如果家长专门粗心出错，让孩子来找出错误，这也是对孩子的一种教育，将来他们在做题时也会十分小心。

6. 让孩子认识到粗心的危害

家长可以以生活为实例，让孩子认识速度、质量与效益之间的关系，认识到粗心马虎可能带来严重后果。如果身边有亲戚或朋友从事精密、细致的工作，家长不妨带孩子去看看他们的工作情况，这样会给孩子较大的积极影响。

7. 指导孩子自己制订惩罚粗心的办法

孩子由于马虎，做作业或考试时常出错误，应适当给以惩罚。比如：取消一次看电视或电影的娱乐活动；让孩子背诵两段有关讲认真、不马虎的格言、名言、谚语等，或讲一个有关这方面的故事；也可以写简短的认识检查，以分析原因。

8. 对孩子进行"细活儿"训练

学习、生活中有许多"细活儿"，这些活儿不认真仔细去做是绝对做不好的。对于马虎的孩子，可通过干"细活儿"，克服他的毛病。例如，拣沙子、摘菜、画工笔画等，这些活儿都可以帮助孩子克服粗心的毛病。让孩子有目的地去选这类事情干，经常训练，孩子就会变得越来越细心。

塑造孩子的误区

孩子做作业总是因为粗心大意而出错，于是每天帮孩子检查作业，甚至替他改正。

平时不注意培养孩子认真学习的好习惯，考试时发现孩子因粗心而出错，就严厉训斥，甚至大骂一通。

经常对孩子说："你总是那么粗心，我看你这辈子是没指望了。"

给父母的家庭作业

当你的孩子为自己的粗心痛惜时，你有没有想过他为什么那么粗心？你认为孩子粗心的原因是什么？应采取哪些措施帮助他纠正粗心的毛病？

教子箴言

　　我们常常会听到一些家长抱怨：我的孩子既不是聋子，也不是傻子，智力也很正常，在读书学习方面也不比其他人努力少，但始终不能收到好的学习效果，原因就在于孩子粗心大意，马马虎虎。

让"小磨蹭"成为"飞毛腿"

孩子磨磨蹭蹭，与他们没有时间观念有关。俗话说"老虎紧追到脚跟，还要回头辨雌雄"。孩子是个典型的没有时间性的群体，由于磨蹭，他们上学经常迟到，做作业也是拖拖拉拉。而做作业是孩子学习中最重要的一项工作，如果磨磨蹭蹭，不能快速完成，将会影响学习成绩。

实况回放

已经晚上9点了。儿子还在写作业，你也准备睡觉了，你冲着儿子的房间问道："东东，你的作业做完了吗？""快了，妈妈，您先睡吧！"你躺下后很快睡着了，不久又醒了，时间是11点半，孩子的房间还亮着灯。你来到儿子的房间，看见儿子坐在写字桌边，把头埋在双手里。"作业做完了吗？是不是老师布置的作业太多、太难了，妈妈可以帮帮你！"你关切地问道。"不多，也不难，可就是老做不完。"儿子有些懊恼地说道。"唉！"你也很苦恼。

这个孩子就是这样，做什么事都磨磨蹭蹭，一点儿都不利索，没办法，你只能坐下来陪着儿子，监督他早点儿把作业做完。

教子妙招

磨蹭是孩子在学习中常见的毛病，这不是哪一天就突然磨蹭的，而是在学习中慢慢形成的。父母教育方法不当是形成这种现象的重要因素。孩子学习磨蹭有几种情况：第一种是缺乏学习兴趣，硬着头皮应付，能拖就拖；第二种是行动迟缓，紧张不起来，任家长怎么催促，依然如故；第三种是缺乏时间观念、效率观念，不知道时间对人生的重要意义。因此，要想将"小磨蹭"变为"飞毛腿"，应根据不同情况，对症下药。

1. 给孩子讲磨蹭的害处

联系生活、学习的实际，跟孩子讨论磨蹭的害处，使孩子认识到"时间就是生命，时间就是财富"的基本道理。让孩子明白在充满竞争的现代社会中，只有"飞毛腿"才会加快做事的速度，才可能受欢迎，"小磨蹭"将会被淘汰。

2. 加强孩子专时专用的能力

家长应让孩子学习专时专用，尽量避免走神，帮助孩子确定每次学习的时间、任务、目标要求，按时完成并评价结果。让孩子尝到提高效率、增加玩乐时间的甜头。

3. 给孩子一个明确的完成作业的期限

如果孩子不用心做作业，磨磨蹭蹭，家长可以对孩子说："你比起以前来进步多了，我相信你一定能在晚上 8 点钟之前完成作业，否则，星期天就不能好好玩了！"孩子有了明确的任务，学习时就有了动力，才能保持紧张状态。

4. 给孩子适当的奖励

当孩子按时完成作业时，家长不但要从言语上加以表扬，还可以辅助一些别的奖励。比如允许孩子多玩一会儿，还可以为孩子设定一个假想的竞争对手，提醒他："如果每天晚上你能在一个小时内完成作业，你就可以有时间看动画片。"这样孩子就会抓紧时间完成作业了。

5. 增加计时性活动

凡是有磨蹭毛病的孩子，往往不光表现在学习中，同时也反映在生活的各个方面，如穿衣、吃饭、收拾书包文具等。因此，克服磨蹭毛病，应从孩子实际表现出发，多增加些计时性活动。对年龄较小的孩子，家长可跟孩子一起进行计时阅读、计时答题、计时劳动的小竞赛，这对克服孩子磨蹭的毛病大有好处。

6. 让孩子和一些做事较快的孩子一起学习、游戏

经常让孩子和一些做事效率比较高的孩子一起学习、游戏，可利用孩子之间相互影响作用。家长可以事先与讲效率的孩子的家长取得联系，请家长为孩子提出更高的要求，在学习和游戏的过程中带动磨蹭的孩子。

7. 为孩子创造一个良好的学习环境

在家里，孩子应当有一个固定的学习地方，哪怕是一个小小的角落也好。这样可使孩子养成一坐下来就进入学习状态的好习惯。孩子在学习时，家长尽量避免大声说笑、看电视、听音乐等，为孩子高效率完成作业创造一个良好的学习环境。

塑造孩子的误区

怕孩子不按时完成作业，每天陪孩子写作业，并在一边不断地唠叨。

孩子熬到深夜还没有完成作业，就越俎代庖，替孩子完成作业。

给父母的家庭作业

你的孩子在做作业时喜欢磨蹭吗？你经常陪他一起做作业吗？为了让孩子快速完成作业你都采取了哪些措施？

✎ 教子箴言

现代生活节奏日益加快，但对孩子来说，他们还没有接触社会的经历，自然感受不到紧张气息。但是，孩子要长大，一个作风拖拉的人是无法在竞争社会立足的。对此，从小训练孩子主动把握现实的能力和智慧是必要的。

全面发展，避免偏科

偏科对于一个学生来说，是很致命的弱点。如果偏科，就会在知识上产生缺陷，在学科方面出现"跛腿"现象。这样不但会影响孩子考试的总成绩，还会给他以后的生活、工作带来很大的危害。比如，有的孩子不学语文，以后在工作中，可能连一个小小的总结都不会写。另外，偏科还会影响其他学科的学习，因为各门学科是相互联系的，缺一就会不协调。

实况回放

"妈妈，我一点儿都不喜欢上英语课，老是记不住英语单词，太讨厌了！我可不可以不学它呀？"儿子在跟妈妈抱怨。"那怎么可以呢？英语很重要。"妈妈边做家务边与儿子说话。除了英语外，儿子其他学科的成绩都很优秀，对英语不感兴趣，老是说记不住单词，背不会句型。现在复读机和 MP3 都买了，妈妈还特意请来英语家教，可儿子的英语成绩并没有因此而提高多少。

教子妙招

造成孩子偏科的原因主要有四个：孩子对某一学科不感兴趣；由于某一学科难学而不愿学，最后干脆放弃；与某学科老师的关系不大好；学习方法不正确。家长应具体问题具体分析，对症下药。下面我们根据孩子偏科的原因，介绍几种帮助孩子克服偏科的方法，仅供参考。

1. 向孩子阐明学习"偏科"的危害

家长应向孩子讲明：偏废任何一门课程，就像修建高楼大厦时地基缺了几样关键的东西，其后果的严重性是可想而知的。

2. 对孩子有信心

家长应这样想，既然孩子在某一科目上的成绩能在全班名列前茅，这说明他的智力水平并不低，一定有学好其他科目的潜能，相信孩子一定能学好其他科目。

3. 激发孩子对学科的兴趣

兴趣是最大的动力，如果你对某一门课不感兴趣，就会把学习看成是一种负担、一件苦差事，当然就不会有好的学习效果。因此，家长应想方设法激发孩子对学科的兴趣。

4. 热情地辅导孩子的"非优势学科"

家长在辅导孩子的"非优势学科"时，应善于发现孩子的点滴进步，及时予以肯定和鼓励，激发孩子对该学科的兴趣，增强信心。这样长期坚持下去，孩子学习"偏科"的问题就会逐渐得到解决。

5. 克服孩子的恐惧心理

有些孩子，某一门功课比较差，一提起学那门课就害怕，就不想学。其实，当你害怕做某事时，并不能代表你就缺乏这方面的才能，而是你解决这方面问题的能力比较弱。或许，你很有这方面的潜能，只是由于害怕而使你的潜能没有发挥出来。

妨碍孩子发挥潜能的正是他们对某一门课的恐惧心理。比如孩子在某门课中有一两次成绩很低，因而对这门课产生了恐惧心理，在恐惧的支配下，逃避这门课的学习，从而使自己在这方面的潜能无法发挥出来。日久天长，就会造成这门课的成绩越来越差。

其实，孩子恐惧的事情肯定是他的潜能所在，也一定是他提高最快、进步最大的领域。因此，如果孩子害怕英语，就让他立刻背单词、读句型吧，你会发现，那些恐惧很快就会烟消云散。

6. 改善孩子的学习环境，积极和老师进行有效沟通

孩子对某个老师喜欢与否，会直接影响他对该科的情感和好恶。有的孩子偏科是由于孩子与某学科老师的关系不好而造成的，如果是这样，家长应与任课老师或班主任密切配合，巧妙沟通，并请求必要的关照。

7. 要有耐心

纠正偏科现象需要一个漫长的过程，家长应对孩子有耐心，对孩子多一点儿欣赏和鼓励，少一点儿责难和苛求，长期坚持下去，孩子"偏科"的问题就会逐渐得到解决。

8. 了解孩子的真实想法

家长要争取做孩子的知心朋友，多了解孩子的真实想法，同时找任课教师了解孩子在学习中的具体表现。根据实际情况，采取切实有效的措施来帮助孩子。

9. 指导孩子掌握正确的学习方法

如果孩子是由于对某门课程的学习方法不正确而学习效果不佳，以至于造成学习兴趣不浓而产生偏科现象。家长在关心孩子提高成绩的同时，最好能与孩子一起探讨一些关于这门课的学习方法，必要的时候可以向专家咨询，学一些教育和心理学的知识，掌握科学有效的学习方法，以帮助孩子提高学习效率，增强自信。

塑造孩子的误区

英语不好，就在其他科目上下点功夫，以弥补英语的不足。

常常因为孩子偏科而训斥孩子，骂孩子呆、笨、傻，怪孩子不下功夫学习。

强迫孩子学习他的"非优势学科"。

给父母的家庭作业

偏科将直接影响孩子的总体成绩，对孩子的学习危害极大，因此应及时纠正。你的孩子有偏科现象吗？你是怎样帮孩子克服偏科现象的？

教子箴言

各门学科有各自的功能，是无可替代的。偏科，相当于一条腿走路，一条腿走路能走得快、走得远吗？所以，聪明的父母，还是让孩子迈开两条腿，平稳地走路吧！

改掉骄傲自满的毛病

生活中，孩子总会取得一定成绩，如在学校中考得了好名次，被评为"三好学生""优秀班干部"，或在某项活动中表现突出受到奖励等。这个时候，孩子的情绪都会比较高昂，自信心也会比平常强，由此也会产生一些骄傲自满的情绪。父母要善于抓住这个时机，在肯定和鼓励的基础上，给孩子提出新的目标和要求，引导孩子乘势而上，把一时的热情转化成持久的动力。

实况回放

林林这次期中考试得了全班第一名，老师在开班会的时候，当着全班同学的面把他表扬了一番，并且还给他发了进步奖品。林林别提有多高兴了，放学一回家就把这件事告诉了你："我这次考试得了全班第一，老师还表扬我了呢！你看，还给我发了奖品，说我进步非常快。我觉得我比班里原来的第一名燕燕聪明多了，她这次才考了第七名，真笨，以后再也不跟她玩了。"你听了这话，虽然替孩子高兴，同时也觉得不对劲，心想：这孩子，怎么刚刚取得一点成绩就骄傲自大了，还开始看不起别的同学，实在不应该啊。

教子妙招

骄傲自满是浮躁的一个重要表现形式，它会导致盲目自信，甚至不思进取。凡是骄傲自满的人没有不失败的，这也就是所谓的"骄兵必败"。一个看不起别人、目中无人的人，会在他与外界之间筑起一道无形的"墙"。这种人大多数时间是生活在自己的世界里，这对一个孩子来讲十分不利。那些"骄傲"的孩子虽然有着他们所骄傲的优点，而且其中不乏非常优秀的孩子。然而正是他们的"骄傲"，使得他们把自己独锁在"骄傲王国"，变得狭隘、自私，而自己却全然不知"天外有天、人外有人"。因此，家长一定要让孩子从小养成谦虚谨慎、戒骄戒躁的好习惯。

俄国心理学家巴甫洛夫说过："无论在什么时候，永远不要以为自己已经知道了一切。不管人们把你评价得多么高，你永远要有勇气对自己说：我是个毫无所知的人。"

可是在现代家庭中，优越的家庭条件容易滋长孩子虚荣自傲的心理。有这种心理的孩子往往表现为心胸狭窄，不屑于与别的同学交往。他们虽能取得一定的进步，但往往只满足于眼前所取得的成绩，而看不到其他同学的优点，更不可能向其他同学学习。这往往是由于家长或老师对孩子过多地夸奖和肯定而造成的，孩子会觉得自己高高在上，从而看不起别人，产生骄傲自满的情绪。怎样才能帮孩子消除骄傲自大的心理呢？

1. 表扬孩子时要"浓淡"适度

孩子出现骄傲自大的心理往往是由于过高地估计了自己，认为谁都不如自己，他们只看到自己的长处，而看不到短处，总是拿自己的长处和别人的短处去比，遇到这种孩子，家长要注意引导，要高度重视感情的作用，尽量做到"浓淡"适度。或对孩子轻轻一笑，加以适当的鼓励；或引导孩子多找自己的不足。

2. 让孩子学会正确评价自己

平时，家长应正确引导孩子，既要让他认识到自己的优点，同时还要看到自己的缺点。告诉孩子即使是最卑微、最弱小的人，也有其他人所不及的地方，同样，再强大的人也都有他自己的弱点，千万不要让孩子用自己的长处去与他人的短处比较。

3. 尽量不给孩子过多的物质奖励

家长在指导孩子改掉骄傲自大毛病的过程中，应本着以精神鼓励为主，物质奖励为辅的原则。因为过多的物质奖励，容易使孩子产生畸形的满足感，会强化孩子产生骄傲自大、忘乎所以甚至不思进取的心理。家长应让孩子明白，即使拥有优越的家庭条件，也是父母创造的，而自己其实和其他同学一样，没有什么特别的地方。

4. 不要在孩子面表现出骄傲的情绪

榜样的力量是无穷的，家长应为孩子做出榜样，即使自己出色，也不要在孩子面前表现出任何的骄傲情绪。

塑造孩子的误区

事事都要"夸奖"孩子，使孩子被夸奖声和赞许的目光所包围。

对有骄傲自大心理的孩子给予过多的物质奖励，让他觉得自己比别人强，以满足虚荣心。

觉得自己的孩子很优秀，逢人就夸，以满足自己的虚荣心。

给父母的家庭作业

"谦虚使人进步，骄傲使人落后"是一个老生常谈的问题，也是每个人从小就应明白的道理，你的孩子知道这个道理吗？他在平时的学习中是否有骄傲自大的倾向？你认为应该采取哪些措施来帮助孩子消除骄傲自大的心理？

教子箴言

在现时的社会大环境和应试教育模式下，我们的孩子很容易就沾染上不良习气，例如骄横任性、叛逆不听话、骄傲自大等，尤其是处于儿童阶段的孩子情况更为严重！俗话说"骄兵必败""满招损，谦受益"，这些是千百年来先贤们总结出的经验教训，我们做父母的应告诉孩子千万不要忘记。

多一些"一问一答"，就多一些自动自发

"一问一答"，是许多老师十分喜爱的一种教育方法，它能确保知识在"一问一答"中的巩固与消化。在家庭教育中，用"一问一答"的方式与孩子一起学习，可激励孩子自动自发地在书本中探索、思考，使孩子的求知欲更为强烈。

实况回放

你的孩子学习成绩比较差，尤其不知道该如何复习功课，在平时的学习中，总是把老师留的作业做完了事，以为自己把所学习的内容都掌握了，从不再翻开书本看看。你督促他再看看书，把所学内容复习复习时，他总是说："放心吧，我都会了，你看，作业不是都做完了吗?"可一到考试就傻眼了，他才发现自己好多东西都不会，让他自己再重新复习时，又好像觉得自己都会了，不知该复习哪些内容。为此，你心里很着急，可又不知该如何帮助他。

教子妙招

督促孩子做功课，孩子虽不敢偷懒，但那样不能调动起孩子学习的积极性。因此，对于这样的孩子建议家长最好用"一问一答"的简易方法和孩子一起复习功课，家长可以问孩子一些课本上的问题，让孩子回答，就像他的好朋友，帮助他找到自己没有掌握的知识，并进而巩固学习内容。

从学习心理学的角度看，"一问一答"与攻防意识是有关联的。问的一方就好比攻方，答的一方就好比守方。"一问一答"的过程，就好像是一攻一守的过程。以这种方式进行学习，是非常符合孩子心理特点的。

与孩子一起以"一问一答"的形式学习，有两种方式：

一是孩子问、父母答。这样孩子会一心想把家长问住，而收集一些比较偏僻、冷门的问题。家长呢，不妨试试当回小学生，态度一定要谦虚认真。

二是父母问、孩子答。这样可以节省时间，因为家长一般知识水平比孩子高，往往能抓住重点，便于迅速掌握孩子对所学知识的熟悉程度。不过，为了提高问题的质量，家长应花时间看看孩子的课本，以便提高问题的质量。

以"一问一答"的形式学习，双方问问题时总是挖空心思，希望能把对方考倒，

因此对于各类题目自己先要熟悉，不论多么偏僻、冷门的问题，都可能会想得到。

"一问一答"，说起来简单，其实并不是那么容易。因此，家长在与孩子以"一问一答"的形式学习时，不妨试试下面的方法。

1. 问孩子问题时应由浅入深

问孩子问题时，先问一些简单的，然后逐渐加深，即由易到难，循序渐进。这样可激发孩子的学习兴趣。

2. 孩子表现好应表扬，表现不好先不要生气

如果孩子回答问题时表现比较好，可给予口头奖励；表现较差，回答不出问题，也不要生气，只需告诉他答案，让他默记即可，或是心平气和地告诉他："你再翻开书看看，10 分钟后我再问你，好吗？"这样，孩子肯定会十分专心地去看书，希望能在 10 分钟内学会这个问题，得到你的赞赏。

3. 由"一问一答"发展到抢答和争论

和孩子一起争论一些问题时，如果谁也说服不了谁，就要去查书，找出正确的答案。为了激发孩子的学习兴趣，家长可故意提出错的答案，让孩子通过思考或查书证明你的答案是错误的，而他的答案是正确的，这样可树立孩子的自信心。

经常与孩子在一起争论，孩子的求知欲就会增强，对所学内容经常问"为什么"，这可是孩子学习成功的制胜法宝哟！

塑造孩子的误区

认为读书学习是孩子自己的事，从而放任不管，让孩子自己去学习。

在与孩子以"一问一答"的形式学习时，一心想难为孩子，专门找一些比较难的刁钻问题来问。

不了解孩子的课本内容，凭着自己的感觉随便问孩子几个问题。

给父母的家庭作业

与孩子以"一问一答"的形式学习，可增强孩子的求知欲，激发孩子的学习兴趣。你经常采用"一问一答"的形式与孩子一起学习吗？在与孩子以"一问一答"的形式学习时，你都采用了哪些方法？

教子箴言

"一问一答"不仅能取得良好的学习效果，更重要的是能融洽亲子关系，让孩子感觉到，父母和自己处在同等的学习地位，这样，他们就会更乐于提出问题，获得身心的极大满足。

第十二章

驱散孩子心中的霾

孩子上学以后，许多家长关心的是孩子的学习情况，而忽视了对孩子心灵的关注。其实孩子更容易胆怯、怕事，也更容易喜怒无常，甚至逃避、痛苦、烦恼……因此，作为家长，应真诚地关注孩子的喜怒哀乐，把孩子成长中的一点点进步都挂在心上，不仅关心孩子的身体状况、学习成绩等，还应对孩子的心理、思想、品质、个性有足够的了解，学会调节孩子的情绪，做孩子的良师益友，帮助孩子扫除心中的阴云，引导孩子走上健康而快乐的人生坦途。

孩子：只要努力了，就是好样儿的

评价好孩子的标准不止一条，只要肯努力，每个孩子都能成功。其实，现在的孩子，健健康康，不痴不傻，每一个都是父母的心肝宝贝，他们也都拥有属于自己的美丽！事实上，生活中的人不论做什么事情，只要尽力了，不管结果如何都不应该有什么遗憾。学习也同样，只要孩子努力了，就应该竖起大拇指。

实况回放

女儿平时勤奋刻苦，学习成绩非常优异，每次考试都是全班第一。这次奥数竞赛，她虽然做了充分准备，但还是没能得奖，回来后痛哭不止："我这下完了，再也没脸去见同学了！"无论怎么劝说都无济于事。从那以后，孩子更是无端地自卑起来，总觉得自己学习不如别人，因而破罐子破摔，学习没有以前那么积极主动了。妈妈问她为什么这样，她却说："再怎么学也得不了奥数奖，我还不如不学呢！"

教子妙招

过分注重考试结果，这对孩子来说并不是一个好现象，家长应让孩子知道学习的过程比结果更重要，告诉孩子：只要你的努力出自正确的动机，即使失败了，也会给你带来许多收益，因此，不必在乎结果如何。为了让孩子明白学习的过程比结果更重要，家长最好能做到下面几点。

1. 孩子失败后给以安慰

孩子考试失败，心里一定很难受，非常需要别人的安慰，尤其是自己最亲近的人。这时，如果家长能心平气和地对孩子安慰一番，并鼓励他继续努力，孩子的心里一定会好受些，不致影响学习。

2. 给予孩子无条件的爱

孩子最需要的就是父母的爱。当孩子把成绩不好的考卷捧到你的面前时，如果你说："我知道你已经尽力了，不管结果怎样妈妈都很高兴！"这样孩子不但不会承受你对他考不好的责怪，反而更能激起他奋发进取的学习动力，以后他会更加努力地学习。

塑造孩子的误区

非常注重孩子的考试结果，孩子考好了就表扬，考不好就责备，甚至打骂。

平时对孩子的学习不闻不问，一考完试就问个不停，比如常问孩子"这次考多少分""在班里排第几名"之类的问题。

给父母的家庭作业

胜败乃兵家常事，你的孩子在学习中一定遇到过失败，失败后孩子的心情怎样？你又是怎样对待孩子的失败的？

教子箴言

　　我们都有这样的观念，孩子听话、懂事、乖巧就是个好孩子。其实不然，对于好孩子的定义应该是这样的：努力了，就是好孩子。因为孩子努力了，也就有付出，就懂道理、明是非，就知道爱父母、爱他人。这样的孩子能说不是好孩子吗？

帮孩子消除考试怯场的心理

面对考试，不少孩子因为怯场，而导致原本很容易做的题目却怎么也做不出来，并且当一道题做不出时，常常会产生这样的念头：后面的题可能更难！这次肯定要考砸了！继而导致了一连串的失误，既影响了考试成绩，也影响后续的学习。作为家长，不妨告诉孩子：考试遇到不会做的题目很正常，每个同学都会遇到，千万不要紧张，也不要怕啊！

实况回放

李一凡是聪明的孩子，平时学习很用功，从来不用父母叮嘱他写作业、温习功课什么的。他平时考试成绩也挺好。可一到大考就不行了，一进考场脑子里就稀里糊涂的，心里慌得很。如果老师把考卷发给他，让他在家里重做一遍，他几乎每道题都会。

教子妙招

像李一凡这种情况的孩子，现实生活中确实很多，他们都或轻或重地表现出了考试"怯场"的心理。考试怯场是一种比较普遍的现象，在任何有考试的场合中都可能出现。怯场是一种短暂性心理失常现象，是由于各种原因致使情绪过度紧张而造成的，表现为原来已经熟记的材料、熟练的动作不能重新回忆、再现或再做。严重者还可能出现头晕（俗称晕场）、目眩、心悸、恶心等症状，结果造成考试失利。孩子考试怯场主要是由于学习压力大而造成的。孩子的学习压力主要来自于家长、学校、社会等各方面。

首先，压力来自家长。现在的家长"望子成龙、望女成凤"心切，期望值很高，而且把这种期望变成了言语、行动，不断给孩子施加压力："你一定要考好，考好了有奖励。""如果你考不好，将来就没出息。""父母的希望全在你身上，你可一定要考好！""考不好，小心我揍你"……这些言行对孩子造成有形和无形的压力，常常在孩子的脑海里闪现，挥之不去，影响学习。

其次，压力来自学校。有些学校以及老师运用动员、排名次甚至倒计时的方式，激发学生好好学习，以提高成绩。对于面临升学考试的学生，更是双管齐下，制造紧张气氛。这对学生的压力是很大的。

还有，压力来自社会。由于现代社会竞争日趋激烈，孩子的学习成了人们十分关注的事情。亲友们见到孩子，经常会问："学习怎么样，考试得了多少分？"而且往往鼓励几句："好好学习，将来考个好大学。"亲友们出于一番好意，殊不知这些关切的话语，对孩子也会造成无形的心理压力。

有些孩子对这些压力能够正确认识，自我调控，变压力为动力，考场上不乱方寸，不但不会影响成绩，还可能考出更好的成绩。

而有的孩子心事很重，把这些"石头"一块一块地装在心里，而且自己给自己加压，对自己的期望过高，但又缺乏坚强的意志来调控高度紧张的情绪。因此一到考试时，就容易紧张，这样的孩子当然考不好了，而且也非常需要家长的帮助。家长该采取哪些措施来帮助这些孩子呢？

1. 家长开始就要做好减压工作

首先，家长不要盲目地给孩子定过高的指标，达不到就如何如何。在临近考试时，尤其不要天天不离口地谈考试的事，因为你说得越多，考试时刺激孩子产生紧张情绪的信号就会越多。另一方面，不宜在孩子考试前和考试期间，为孩子做过多的物质准备和具体服务，这些做法会给孩子增加很多无形的压力。

此外，家长也应让孩子自己学会正确对待考试。告诉孩子考试遇见不熟悉的题目是正常现象，对每个同学都是可能的。

2. 指导孩子缓解紧张情绪

教孩子运用"转移注意"和"自我暗示"的方法。转移注意就是暂时让自己把注意力集中在考试以外的事物上，使紧张程度缓解。比如，当心里过于紧张时，认真听老师讲考试注意事项，观察老师的服饰、表情，想一小会儿最感兴趣的事情等，都会使自己平静下来。自我暗示就是在内心里自己提醒自己：我是很镇定的，呼吸多么平稳，头脑也很清楚……这种反复提醒也有助于缓解紧张情绪。

3. 教孩子按部就班去答题

第一，要工工整整写上姓名及准考证号，一笔一画地写，有助于使自己平静下来。

第二，看准题目，审清题意，按题目顺序往下答。爱紧张的孩子不要先把全部题目看一遍，那样容易因为看到一个不熟悉题目而增加紧张感。遇到不会答的题目，如果没有想通，暂时放下，不可占过多的时间，免得耽误了做其他题目的时间。

第三，仔细检查、避免疏漏，大题、难题多花点儿时间。最后，要特别注意要把试卷正反面都查一查，不要有漏答的题目。

塑造孩子的误区

越是在快要考试的时候，越给孩子制造紧张气氛，比如对孩子说："马上就要考试了，快去复习吧！""你还有很多知识没有掌握，看你考不好怎么办？"

为了让孩子好好学习，专门增加压力，认为孩子的学习压力越大，动力就越大。

考前不给孩子一点儿自由支配的时间，大部分时间把孩子关在屋里。

给父母的家庭作业

考试怯场会大大影响孩子的成绩，一定要帮孩子消除这种心理。你的孩子有考试怯场这种坏毛病吗？你是怎样帮助孩子减压的？

教子箴言

考试之前，家长应让孩子进行全面系统的复习，弄清楚不懂的问题。这样考试时孩子就会想：我已经全面复习了，不会出什么差错的，因此不会产生焦虑情绪。像竞技比赛前的放松、调整一样，家长应该有意识地为孩子减压，尽量让孩子感觉到考试不过是一件很平常的事情，和平时上课一样。

孩子：老师真的不喜欢你吗？

　　老师是孩子人生中的重要指路人，他们教孩子知识、教孩子道理、教孩子听话……可以说，父母是孩子的启蒙者，而老师则是孩子的开智人。老师喜不喜欢一个孩子，其实做父母的应告诉孩子没必要过多地考虑，因为，上学的目的是掌握知识。孩子毕竟是孩子，他们没有这么复杂的思维能力，往往都是主观、片面的认识而已。但作为父母，你是维系和谐师生关系的桥梁，是帮助孩子消除师生误会的最佳人选。所以，千万要理性地看待这些，尽量避免师生之间产生误会，对孩子的学习造成不应有的影响。

实况回放

　　"妈妈，我们语文老师不好，我再也不想上她的课了！"女儿放学回家后把书包往桌上一扔就开始唠叨了。听女儿这么说，你的心里"咯噔"了一下，疑惑地追问女儿原因。"今天我一直举手，可老师只叫别的同学回答问题。还有上一次，我只写错了一个生字，她就批评我，而班里那些学习差的同学写错四五个也没被批评！"女儿撅着嘴，委屈的泪水从面颊上滚落下来。听孩子这么一说，你也很生气：都是一样的孩子，为什么只叫别的同学回答问题，而不叫自己的孩子回答呢？为什么对我的孩子这样狠？

教子妙招

　　其实，老师对每一位同学都是平等的，就像父母对自己的孩子，即使有三四个，也同样爱他们，这就是老人们所说的"十个手指头，割破哪个都疼"。老师对每个孩子的管教态度和方法不同，那是因为每个孩子都有自己的实际情况，比如：学生们学习基础、性格等都存在着一定的差异，老师在教学中针对每个孩子的不同情况具体对待，这是很正确的教学方法，家长应予以理解，不应认为老师是"偏心"。

一般的孩子，对自己所喜欢的老师所教科目往往学得很好，而对自己不喜欢的老师所教的课程往往因逆反心理而厌学，从而在很大程度上影响学习的效果。因此，父母应当帮助孩子破除"老师不喜欢我"的心理，积极地帮助孩子消除与老师间的隔阂，只有这样才能够使孩子爱老师、爱学校、爱学习。

1. 帮助孩子分析出现这种现象的原因

比如：孩子因为自己只错了一个生字受批评，而有的同学错了四五个生字都没挨批评，就以为是老师偏心，家长可以告诉孩子，那是因为你的基础比那几位同学好些，所以老师对你的要求更高些，这说明老师更喜欢你。聪明的孩子听父母这么说，一定会理解老师的良苦用心，反而更喜欢这位老师。

2. 对孩子说一些安慰的话

遇到这种情况，家长最好能对孩子说一些安慰的话，使其心理得到平衡。如对孩子说："老师之所以不叫你，是因为老师认为你很用功，所以你应该信赖老师，并且更努力用功才对。下次当老师发问时，其他同学都不会作答，只有你举手，老师就知道你是一个用功的学生了。"或："老师批评你，表示对你的关心，希望你能成为一个好学生。"

3. 鼓励孩子与老师沟通

家长应鼓励孩子主动与老师沟通，让孩子将自己的想法委婉地告诉老师，通过与老师的交流来消除孩子心中的烦恼。

塑造孩子的误区

只相信孩子的话，告诉孩子"老师为什么只会骂你呢？是不是对你有成见呀？"或是"可能是老师不喜欢常常叫你吧！"

在孩子面前，谈论老师的是非。

对孩子说："老师就喜欢学习好的同学，只要你学习好，老师也会喜欢你的。"

给父母的家庭作业

有些孩子挨了某门课老师的批评后，就以为老师不喜欢他，因而不想学习该老师所教的课程，甚至开始逃课。你的孩子有这种现象吗？当孩子对你说"老师不喜欢我"时，你是怎样对他说的？

教子箴言

父母要让孩子知道，老师每天要照应的同学很多，他们没有三头六臂，老师累了，有时说话重点、脸色差点，都不是不喜欢你的表现，当老师的学生就要理解老师，爱戴老师！这样，孩子就能从内心深处改变对老师的看法，从而打消顾虑，轻装前进。

分享孩子的喜怒哀乐

当人们遇到开心的事时，希望有人可以分享自己的喜悦；遇到不开心的事时，想找个人倾诉，孩子也是一样。他们健康的情绪表现，是在家庭的潜移默化中逐步形成的。同样，一个孩子若是情绪失控或经常处于消极状态，也与家庭的教养方式和心理环境有密切的关系。例如，任性和爱哭的孩子，是因他的不良情绪和行为多次得到了家长的"奖赏"，他的不合理的需求也得到了满足，虽然家长也许不是有意娇惯孩子，但是这种模式被固定下来了。所以，父母要学会分享孩子的喜怒哀乐，这样会加深孩子对自己的感情、获得孩子的信任。同时也会帮助孩子调节情绪，以乐观的态度更好地学习。

实况回放

儿子很喜欢画画，每天下午放学回家，总要画上一两张画，然后再去做作业。有一天，儿子放学回家后，你像往常一样让他画画，可儿子却撅着小嘴不愿意画，经你再三催促才去画。而且画虽然画了，却画得很差，作业也错了好几处。你有点儿生气，细心的妈妈看出孩子情绪有点异常，问了几次，才知其中原由：原来是下午学校举行英语朗读竞赛，儿子没有拿到名次，因而心情不好，连平时最喜欢做的事情都不愿做了。

教子妙招

父母和孩子一起分享喜怒哀乐，有利于孩子的健康成长。当父母发现孩子处于痛苦中时，要及时和孩子分担他的烦恼、痛苦，并且要和蔼地开导孩子，使孩子更快地从痛苦中走出来；如果孩子处于快乐的状态，父母也要及时发现，以便延续孩子的快乐情绪。

父母和孩子一起分享喜怒哀乐，孩子会觉得生活在快乐的家庭里，可以增加彼此之间的理解。父母还可以在这个过程中，教孩子如何为人处世，促进孩子的健康发展。

父母和孩子一起分享喜怒哀乐，可以使孩子感觉到和父母处于平等的地位，有利于拉近父母与孩子之间的关系，孩子从父母那里得到安慰和鼓励，从而对父母更加尊敬，也会主动向父母说出自己的心事。这不仅增进了父母对孩子的了解，还能使家庭教育达到事半功倍的效果。

每个人都有和他人分享喜怒哀乐的需求，孩子的这种需求更加强烈。父母要特别关注孩子的情感需求，无论多忙，也要抽出时间和孩子一起分享自己的和他的喜怒哀乐。

1. 把孩子视为自己的朋友

父母应该努力营建民主和谐的家庭氛围，与孩子有沟通的语言，做孩子的知心朋友，这样，孩子就会主动和父母分享自己的喜怒哀乐。

父母要放下家长的架子，平等地对待孩子，蹲下来和孩子说话，孩子感觉到父母对他们的尊重，才会将自己的心里话告诉父母。

2. 增加和孩子共处的时间

父母对孩子的爱是无可取代的，但是很多父母都以工作忙为理由，没有安排和孩子共处的时间，或者即使有也太少。这样导致亲子关系的疏远，孩子有什么心里话，也不会主动和父母说。

父母要合理安排和孩子共处的时间，增加与孩子交流的机会，这样才能和孩子一起分享喜怒哀乐，以丰富的人生经验解答孩子的疑惑，使孩子健康成长。

3. 多和孩子进行心灵沟通

由于孩子年龄小，社会阅历有限，他们难以排解自己的不良情绪，需要父母多和孩子进行心灵沟通，及时分担孩子的烦恼，做好积极的引导工作，帮助孩子解决心理困扰。

王维是个很内向的孩子，从来不主动和父母谈心。父母发现最近王维的情绪不大对劲，时常一个人坐在书桌前发呆，很不开心。

父母主动和她聊天，问她是不是学习上遇到了麻烦。王维看到父母的真诚态度，就将自己的数学成绩差，这次还不及格的事情告诉了父母。父母帮助王维分析了原因，制订出应对的策略，并鼓励她不要灰心，相信她以后会有很大的进步。

父母要留意孩子的情感变化，用心去体验，和孩子产生心灵上的共鸣，孩子才会向父母敞开心扉。只有多和孩子进行心灵沟通，才能聆听到孩子的心声，对孩子的成长起到帮助作用。

4. 珍视孩子的情感表达

孩子有强烈的自尊心，渴望从父母那里得到尊重，在分享自己情感的过程中，孩子是快乐的，尽管他们的语言表达能力有限，但是也希望得到认同。

父母要珍视孩子的情感表达，不要以成人的眼光看待孩子，而是站在孩子的角度分析问题，使孩子体验到亲情的温暖和可贵。

5. 主动和孩子分享自己的喜怒哀乐

父母如果有开心或不开心的事，也要主动告诉孩子。不要认为孩子小，无法理解，就不和孩子交流，这样孩子会觉得自己的情感游离于家庭之外，从而产生孤独感，也就不会将自己的喜怒哀乐告诉父母了。父母不能及时发现孩子的问题，十分不利于孩子的成长。

刘畅的爸爸最近工作压力很大，常常要加班到很晚，休息不好，因此在家里脾气也不好，有时候会无缘无故地冲刘畅发火。刘畅小心翼翼地问爸爸为什么不开心。爸爸觉得刘畅也不小了，可以理解爸爸了，于是将自己的情况告诉了她。懂事的刘畅告诉爸爸，自己会好好学习，不让爸爸操心，还嘱咐爸爸注意身体。爸爸感到很欣慰。

父母要主动和孩子分享自己的喜怒哀乐，让孩子觉得和父母处在一个水平线上，促使孩子主动说出自己的喜怒哀乐。只有这样，父母才能和孩子一起成长。

塑造孩子的误区

当孩子因挫折、错误而陷入悲伤时，不去安慰他，而是对他批评或训斥。

当孩子向你倾诉自己的心声时，因孩子的某些错误而打断他的倾诉，并且大发雷霆。

给父母的家庭作业

积极稳定的情绪是孩子学习的动力和保证，你的孩子情绪经常有波动吗？你是怎样处理孩子的不良情绪的？

教子箴言

孩子的学习压力大，负担重，尤其需要父母来帮助他调节情绪。愉快的情绪会使孩子在学习中精神振奋，思维活跃，想象力丰富，记忆力增强，学习效率大大提高。反之，不愉快的情绪会分散孩子的注意力，使其产生某种消极行为，降低学习效率。

为逃学的孩子把把脉

孩子进入小学和初中阶段，最令家长头疼的事就是不明就里的逃学。一般来说，孩子的逃学多是从厌学、迟到等开始的。迟到了怕老师批评，不敢喊"报告"进教室，又不能总在教室门口待着。另外，孩子的贪玩心重，一有好玩的事就容易被吸引住。当他们不由自主地沉浸在玩的乐趣中，或许早把上学的事忘得一干二净，结果迟到就变成了逃课。那些常请假的孩子，任课老师早已习惯了他们的不到校。如果家长也没有过多地询问和关心，那孩子就有可能把逃学的行为进行到底，从而三天打鱼，两天晒网，形成恶性循环。因此，矫正孩子逃学的问题是家教的第一要务，只有用理解和关怀的态度让孩子由"厌学"变成"喜学"，孩子逃学的问题才能得到根本解决。

实况回放

儿子平时学习比较吃力，上课像听天书似的，老师留的作业一道也不会做，因此干脆不做，或者抄袭别人的。老师天天批评都无济于事，无奈之下只好向家长告状，希望家长能帮助孩子改变这种状况，当你和爱人得知儿子的情况后，天天指责儿子，后来竟发展到和孩子动武，委屈之极的儿子因此也离家出走了，后来好不容易找到儿子后，再把他送到学校时，儿子已完全变了个样子，天天逃学，但你们却再也没办法了。

教子妙招

孩子逃学是厌学、惧学的表现。实际上，逃学的孩子心里也并不好受，因此既可气，又可怜。

让孩子自动自发地学习

　　孩子逃学的原因很多，比如：学习成绩不好，经常受到同学或老师的歧视；和同学很难相处；害怕考试；等等。归根到底，孩子逃学的原因是由于各方面因素，慢慢产生厌学情绪而造成的。这些孩子刚开始，表现为经常寻找不去上学的理由，比如撒谎说身体不舒服等。当这种情绪发展到极端的时候，他们就干脆逃学。

　　孩子逃学是比较严重的问题，从品德方面说，是公开违反校纪校规；从学习方面说，是放弃学生的重要职责——学习。家长一定要采取适当的措施帮助这些孩子。下面是有关专家经过长期探索，总结出的几个方法。

　　1. 弄清孩子厌学、逃学的原因

　　要想把逃学在外的孩子领回学校，首先应找到孩子逃学的原因，然后才能对症下药，如果是家长的原因，家长自己则要加以反省与改正。比如，孩子犯点小错误或是考试成绩不太理想，便不问青红皂白，加以指责或打骂，还时常用一些带有恐吓意味的语句来威吓孩子，比如"下次考不了前五名，就不要去学校了""不好好学习，看我怎么收拾你"，等等。这些话语给孩子心理上造成了很大压力，让孩子对上学产生了一种恐惧感。而一些性格孤僻、逆反心理较重的孩子往往便因此而导致不愿上学，慢慢发展到逃学。

　　2. 让孩子融入到伙伴和集体中

　　如果孩子是由于和同学很难相处而逃学，家长应让其多与同龄的孩子接触，这有助于培养孩子的社交能力；鼓励孩子走出家门与小伙伴一起玩耍，对孩子领回家的小伙伴也应以积极热情的态度表示欢迎。

　　3. 家长及时检讨自己

　　家长的态度是孩子转变的重要因素，如果孩子逃学是由于家长教育上有失误而造成的，比如教育态度、方法生硬等，家长应在自我反省的基础上多跟孩子交流，检讨自己的缺点，听听孩子心里是怎么想的，跟孩子一起下决心，一点一点赶上去。

4. 和老师一起解除孩子的心理压力

如果孩子对学校产生了恐惧心理，家长应与老师多一些沟通，让老师也从侧面给孩子以关爱，使孩子感到温暖。在学习上，不要给孩子施加太大的压力，让孩子在轻松的环境中学习，使孩子从害怕上学变为自觉主动、轻松愉快地上学。

5. 和孩子共同学习

有的孩子厌学与家长不喜欢学习有关，比如家长总是打麻将、逛舞厅等，这些家长应该转变自己的思想认识，认真学点东西，要知道，你的一言一行都会影响孩子。家长最好能与孩子安排共同的学习时间，并且设有互相监督检查的措施，这样可大大调动孩子学习的积极性。

6. 多鼓励、少批评

对于逃学的孩子，家长在教育的时候，应努力发现孩子的进步，即便是孩子只取得了一点微不足道的成绩，也应给予表扬和鼓励，让孩子感到你对他的关怀。

7. 用温和的语气指出孩子的不足之处

家长在指出孩子不足之处或者小毛病时，应尽量用温和的语气，使孩子心情舒畅，乐于接受你的建议，这样才能让孩子更好地学习和生活。

8. 给孩子一个良好的成长环境

良好的环境对孩子的健康成长非常重要，温馨、和睦的家庭环境对孩子的成长起着至关重要的作用。单亲家庭显然是不利于孩子的学习和成长的，因此，对于那些离异的家庭来说，父母双方更应给予孩子关爱和照顾，用爱心来抚慰孩子容易受伤的心灵。

塑造孩子的误区

对逃学的孩子，不是批评，就是惩罚，从来不问孩子为什么要逃学。

为了激发孩子好好学习，经常威胁他："不好好学习，就别想再登学校的门！"

给父母的家庭作业

你的孩子喜欢上学吗？他有过逃学的现象吗？如果孩子逃学在外，应采取哪些措施把他"领回"学校？

教子箴言

孩子逃学是不喜爱学校生活、不喜欢学习的现象，也是意志薄弱的一种表现。如果家长只用打骂驱使他去上学，或进行没有针对性的说教，对于纠正孩子的这种缺点是不能奏效的。还是应当首先找到孩子逃学的原因，然后有的放矢地进行教育，才会收到效果。